놀며 배우는

한국말

KOREAN for CHILDREN

연세대학교 언어연구교육원
한 국 어 교 사 연 수 소 편

연세대학교출판부

머 리 말

오랫동안의 진통 끝에 연세대학교 언어연구교육원 한국어학당이 어린이 교재를 발간하게 되어 무척 기쁘다. 한국어학당은 이미 오래 전에 어린이를 위한 교재의 중요성을 절감하고 착실한 준비를 해 왔다. 이제 이 책이 햇빛을 보게 되어 기쁘기 그지없다. 이 교재는 우선 테이프와 지침서를 함께 선보이고, 후에 CD나 인터넷 웹사이트를 만들 계획이다. 이 교재의 특징은 문화를 기초한 교수 방법을 기본으로 하고 있음을 밝힌다.

이 어린이 교재가 한국어학당이 사용하는 기존의 교재들과 더불어 한국어 교육에 큰 몫을 담당하리라고 믿는다. 이 교재를 통하여 21세기를 이끌어 갈 해외 교포 자녀들과 외국의 어린이와 한국어를 배우는 이들 모두가 더욱 쉽고 재미있게 한국어를 공부할 수 있게 되기를 바란다.

이 책을 계획하여 추진하셨던 전임 원장 김태성 선생님의 노고에 감사드린다. 특히 이 책이 나오기까지 수고를 아끼지 않으신 한국어학당 교재편찬위원회의 백봉자 선생님, 이희경 선생님, 전나영 선생님, 김미옥 선생님, 김진홍 선생님, 한상미 선생님, 김인선 선생님에게 감사드린다.

이 교재가 완전하다고 생각하지 않는다. 앞으로 우리는 이 교재를 더욱 개선하고 보완하여 보다 완벽한 한국어 교육의 도구로 쓰여질 수 있도록 더 많이 노력할 것이다.

연세대학교 언어연구교육원장 고 소 웅

이 책의 특징

- 이 책은 영어권 교포 어린이, 특히 유치원생과 초등학교 저학년 학생을 대상으로 삼았다.
- 이 책은 그림과 일러스트를 최대한 활용하여 학습 부담을 최소화하고 흥미를 유발하도록 하였다. 또 낱말의 뜻과 문법을 학생이 스스로 이해할 수 있도록 그림과 상황을 활용하였다.
- 대화를 통하여 한국어를 익히게 하였으며 살아있는 말을 듣고 직접 말하게 함으로써 생동감 넘치는 표현을 습득할 수 있도록 하였다.
- 그림으로 낱말의 뜻이나 문법적인 의미를 학생이 스스로 깨우칠 수 있도록 구성을 하여 번역 없이도 충분히 이해할 수 있도록 하였다.
- 문장 종결을 '-어요' 형으로 통일함으로써 존댓말을 먼저 익히고, 한국말의 존대법을 항상 인식할 수 있도록 하였다. 또한, 학생들끼리 반말을 하고자 할 때에도 쉽게 바꾸어 쓸 수 있도록 하였다.
- 교재로는 본교재(textbook), 보조교재(workbook), 교사용 지침서 등 3가지를 마련하여 더 이상의 보조 설명서나 부교재가 필요 없도록 하였고, 경우에 따라서는 한국어 사용자의 도움을 받아 혼자서도 충분히 공부할 수 있도록 하였다.
- 녹음 테이프가 있어서 학습자가 재미있게 듣고 따라 할 수 있게 하였고 리듬을 넣어 어휘 등을 반복해 줌으로써 쉽게 익힐 수 있게 하였다.
- 주제와 관계가 있는 노래를 실어 학습자에게 흥미를 주고 한국 문화에도 관심을 갖게 했다.
- 한글은 처음부터 조금씩 배워서 단기간에 읽고 쓸 수 있도록 구성을 하였고 한글을 배우는 데에 큰 부담을 느끼지 않도록 양을 조절하였다.
- 총 25과 중 1과에서 10과까지 공부하는 동안 한글의 자·모음과 음절 구성을 그림이나 놀이 형식 등을 통하여 쉽고 흥미롭게 배울 수 있도록 하였다.
- 본교재에는 듣기 연습, 읽기 연습, 노래 배우기 등의 다양한 활용을 도입하였으므로 자연스럽게 한국어의 유창성이 향상될 것이다.
- 본교재에는 '더 배워요' 라는 부분을 설정하여 본문 대화에서 다루어진 단어

나 문형만으로는 활용성이 떨어지는 것을 보충하고, 비슷한 상황에서 배운 문형과 함께 더 배운 내용을 사용하게 하여 다양한 표현을 할 수 있게 하였다.

- 보조교재인 연습책(workbook)에서는 본교재에서 배운 단어나 문형을 반복하여 연습하거나 다른 과와 연계하여 단어나 문형을 적절히 활용할 수 있도록 하였다.
- 보조교재에서는 본문의 대화를 직접 써보게 함으로써 읽기, 쓰기 능력의 향상을 도모하였다.
- 교재는 1주일에 1번, 2시간씩 수업을 진행하도록 하여 1년 정도면 다 끝낼 수 있도록 총 25과로 구성하였다. 또한 학생들의 사정에 따라 한 번에 한 과를 다 다루지 않아도 무리가 따르지 않도록 배려하였다.
- 본교재와 보조교재를 충실히 배우면 한국어의 기본 표현, 발음, 한글, 기초 필수 단어 200여 개, 초급용 기본 문법 60가지 정도를 습득할 수 있도록 하였다.
- 교사용 지침서 "이렇게 가르치세요."에서는 각 과의 학습 목표와 단어 및 문형을 가르치는 요령, 주의 사항 등을 다루었고, 다양한 연습 방법을 제시하여 수업의 효과를 높일 수 있도록 하였다.
- 모범 답안을 제시하여 학습 내용을 쉽게 알 수 있도록 하였다.

일 러 두 기

I. 본교재

1. 대상 : 영어권 교포 어린이, 유치원생, 초등학교 저학년생으로 처음 배우는 학습자를 대상으로 했다.
2. 분량 : 총 25과 (1주일에 2시간 정도 한국말을 배우는 미주 지역 학생들의 실정에 맞추었다.) 한 과는 6쪽에서 8쪽 정도로 구성되어 있다.
3. 한 과의 구성
   1) 본문 : 학생들이 생활에서 자주 접하게 되는 상황을 중심으로 대화를 구성했다. 각 과에 중심이 되는 문형이 두 개 정도 제시된다.
   2) 낱말을 배워요 : 본문 대화에 나오는 단어와 연습에 필요한 단어를 확장하여 그림으로 제시했다.
   3) 연습해요 : 본문에 나온 문형을 연습한다. 교체 연습, 응답 연습, 상황 연습의 형식으로 집중적인 연습을 하여 본문에서 배운 문형을 확실하게 습득시킨다.
   4) 더 배워요 : 각 과의 주요 문형과 관련이 있는 것을 확장하여 제시함으로써, 주어진 상황에서 더욱 다양한 표현을 할 수 있게 한다.
   5) 활용연습 : 노래 배우기, 듣기 연습, 읽기 연습 중의 하나로 본문에서 배운 문형을 실제로 활용하는 연습 단계이다. 다양한 형식으로 학생들의 흥미를 끌 수 있도록 구성되었다. 듣기 연습은 테이프로 되어 있다.
   6) 한글을 배워요 : 1과~10과까지 한글 모음과 자음, 음절 구성 방법을 배운다. 단순한 쓰기 형식이 아니라 그림과 놀이 형식을 도입하여 재미있게 배울 수 있게 하였다.

II. 워크북 (Workbook)

보조교재로서 본교재에서 배운 문형이나 단어를 반복하여 연습하게 한다.
수업 중에나 또는 숙제로 활용할 수 있다.

1. 분량 : 총 25과이고, 한 과는 3~4쪽으로 구성되어 있다.

2. 한 과의 구성

1) 본문의 대화 쓰기 : 본문에서 배운 대화를 써 보게 하여 맞춤법을 익히게 한다.

2) 단어 연습 : 본교재 '낱말을 배워요'에 제시된 단어들을 그림을 보고 쓰기, 연결하기, 문장에 맞는 단어 찾기 등 여러 가지 연습 형식을 통해 복습하고 익히게 한다.

3) 연습해요 : 본문 대화에서 배운 문형들을 반복 연습을 통해 정확하게 습득하게 한다.

III. 교사 지침서—이렇게 가르치세요

1. 한 과의 구성

1) 학습 목표를 제시하였다.

2) 지도 요령 : 교재를 활용하는 방법, 문형을 가르치는 방법, 본교재에 나오는 연습 이외에 활용할 수 있는 연습 방법을 제시한다.

3) 주의 사항 : 문형이나 단어를 가르칠 때 범하기 쉬운 오류에 대한 주의를 준다.

Ⅳ. 듣기 녹음 교재

1. 본교재를 녹음한 Audio CD는 어린 학습자도 혼자서 학습하는 데 불편함이 없도록 하였다.
2. 될 수 있는 대로 대중 발음보다는 표준 발음과 억양을 사용하였다.
3. 배경 음악과 음악 효과를 경쾌하게 하여 어린이 학습자들이 보다 즐겁게 공부할 수 있도록 하였다.
4. 어휘는 어린이들이 쉽게 기억하도록 리듬 속에서 여러 번 반복하였다. 이때 교사와 어린이의 발음을 함께 들려주어 실제 학습 현장에서 얻을 수 있는 흥미를 생생하게 느끼게 하였다.
5. 지시어는 영어로 주어 학습자가 이해하기 쉽게 하였다.

차 례

1 안녕하세요?

안녕하세요?

Hello, teacher. How are you?

네, 안녕하세요?

I'm fine. Thank you. How are you?

낱말을 배워요

할아버지 a grandfather

할머니 a grandmother

아버지 a father

어머니 a mother

선생님 a teacher

아저씨 a Mister

연습해요

1.

할아버지,
안녕하세요?

2.

선생님,
______________?

3.

______________,
______________?

4.

______________,
______________?

더 배워요

1.

2.

3.

안 녕

김성균 요·곡

듣고 찾아봐요

아	ㅇ	이	아

야	ㅇ	이	아	야

아기

아버지

야구

야채

어	ㅇ	ㅇ-	어

여	ㅇ	ㅇ-	ㅇ=	여

어머니

어디

여우

여자

듣고 색칠해요

1.

아	야

2.

아	어

3.

아	야

4.

아	어

5.

여	야

6.

야	여

2 누구예요?

누구예요?

Who is it?

미나예요.

It's Mi-na.

낱말을 배워요

언니 an older sister of a girl

오빠 an older brother of a girl

형 an older brother of a boy

누나 an older sister of a boy

동생 a younger brother or sister

친구 a friend

연습해요

1.

2.

3.

4.

더 배워요

사이좋은 친구

김성균 요 · 곡

듣고 찾아봐요

오

요

오이 오빠 요요 요술

우

유

우유 우산 유리 유령

듣고 색칠해요

1.

오	요

2.

오	요

3.

오	우

4.

요	우

5.

우	유

6.

요	유

3 이게 뭐예요?

이게 뭐예요?

What's this?

고양이예요.

It's a cat.

낱말을 배워요

고양이 a cat

사과 an apple

모자 a hat

시계 a clock

빵 bread

인형 a doll

연습해요

1. 이게 뭐예요?

사과예요.

이게 뭐예요?

__________.

3. __________?

__________.

4. __________?

빵이에요.

5. __________?

__________.

더 배워요

1.

2.

무엇일까?

김성균 요·곡

동글 동글 동글 동글 무 엇 일 까? × × ×
둥글 둥글 둥글 둥글 무 엇 일 까? ○ ○ ○
동글 동글 동글 동글 또 있 는 데 × × ×
둥글 둥글 둥글 둥글 또 있 는 데 ○ ○ ○
아니 아니 반짝 반 짝 빛 나 는 것 음 내눈
아니 아니 못생 기 고 맛 있 는 것 음 호박

듣고 찾아봐요

으 ㅇ 으

이 ㅇ 이

으르렁

으악

이름

이

아	야	어	여	오	요	우	유	으	이
아	야	어	여	오	요	우	유	으	이

듣고 색칠해요

1.

아 이	야 이

2.

오 이	어 이

3.

으 유	우 유

4.

여 우	여 유

5.

요 요	여 여

4 공이 있어요?

공이 있어요?

Do you have a ball?

네, 있어요.

Yes, I do.

낱말을 배워요

공 a ball

만화책 a comic book

껌 chewing gum

자전거 a bicycle

오락기 a video game

우산 an umbrella

연습해요

1.

이 있어요?

네, 있어요.

2.

이 있어요?

네, ______.

3.

이 ______?

네, 있어요.

4.

가 ______?

네, 있어요.

5.

이 ______?

네, ______.

6.

가 ______?

네, ______.

더 배워요

우리 동네

김성균 요 · 곡

우 리동네 이 름은 (파란)동 인 데
(노란)동 인 데
Fine
아 주아주 좋 아요 정말좋 아 요
커다란네거리 엔 뭐든지다있어 요
D.S.
병원도있고 은행도있고 인형가게도있 죠
꽃집도있고 시장도있고 금붕어도있어 요

DEPARTMENT STORE

가	ㄱ	기	가

가족 가게

나	ㄴ	니	나

나비 누나

다	ㅡ	ㄷ	디	다

다리 다람쥐

라	ㄱ	ㅋ	ㄹ	리	라

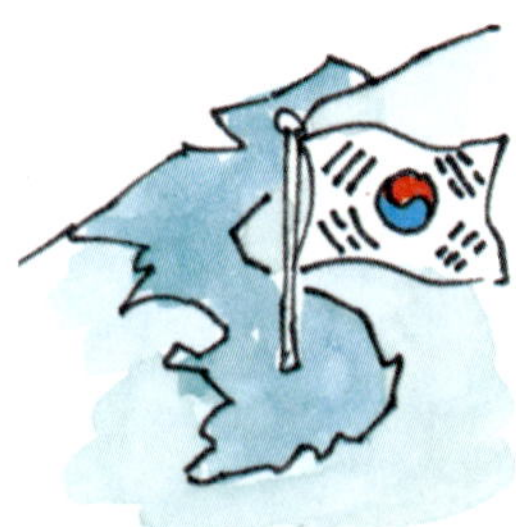

라면 나라

듣고 색칠해요

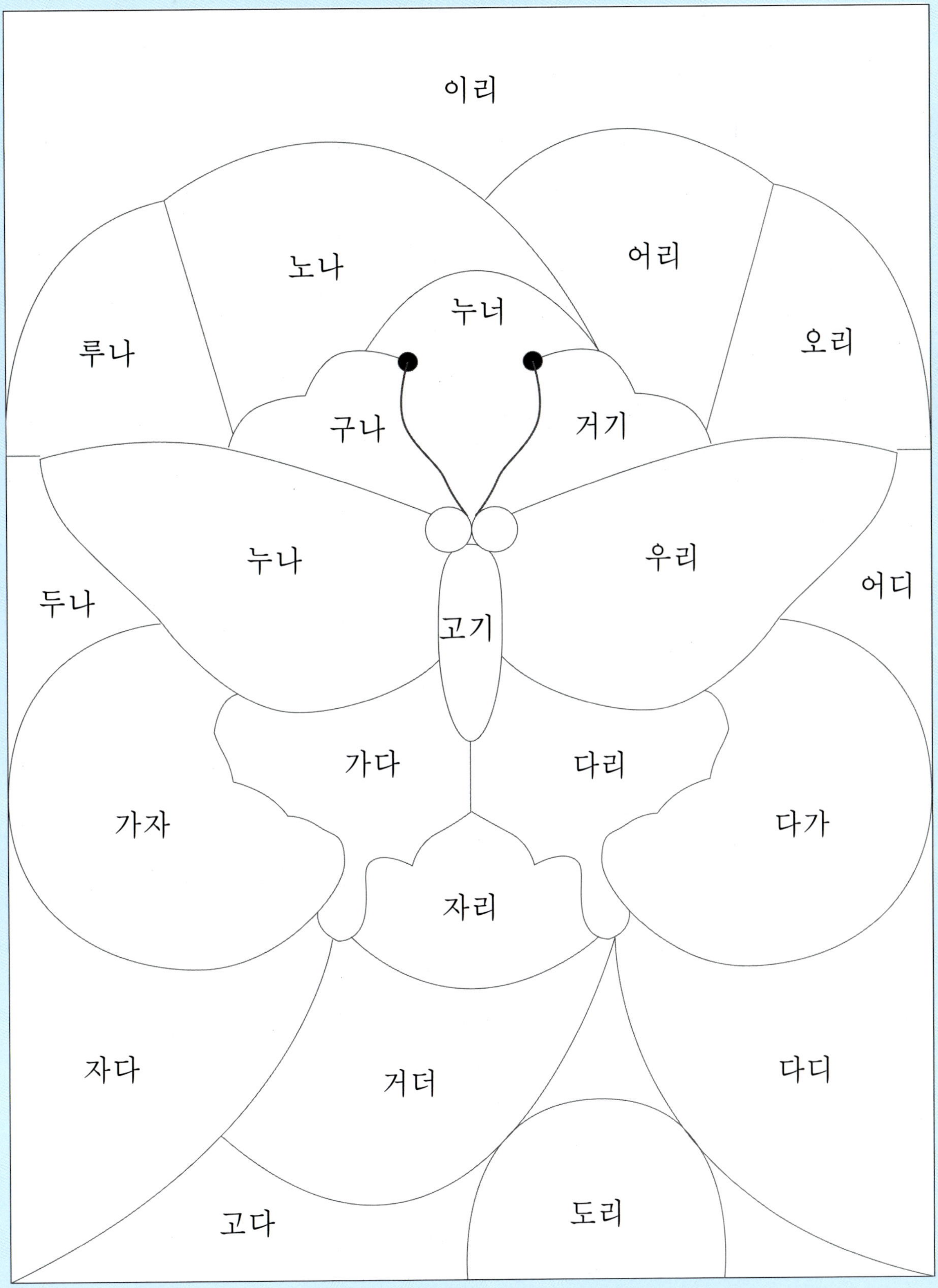

5 만화영화가 재미있어요?

만화영화가 재미있어요?

Is that cartoon movie any fun?

네, 재미있어요.

Yes, it is.

낱말을 배워요

만화영화 a cartoon movie

재미있어요 It's fun.

맛있어요 It's delicious.

커요 It's big.

길어요 It's long.

예뻐요 It's pretty.

연습해요

1.

만화책이 재미있어요.

텔레비전이 재미없어요.

2.

아버지가 ____________.

____________________.

3.

빵이 ____________.

____________________.

4.

여자친구가 ____________.

____________________.

5.

코끼리 코가 ____________.

____________________.

더 배워요

소꿉동무 집

이봉익 요
김성균 곡

듣고 대답해요

1.

2.

3.

4.

5.

6.

마 ㅁ 미 마

바 ㅂ 비 바

치마

마늘

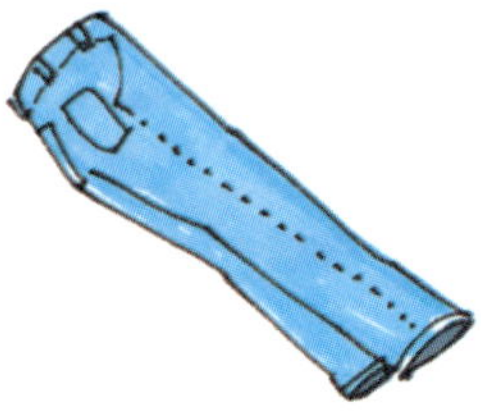

바지

바다

사 ㅅ 시 사

자 ㅈ 지 자

사과

의사

자동차

사자

듣고 찾아봐요

1. 마다 　　　　바다

2. 바지 　　　　마지

3. 이사 　　　　이자

4. 사마 　　　　사자

5. 사다 　　　　자다

6 학교에 가요.

야구장에 가요?

Are you going to the ball park?

아니오, 학교에 가요.

No, I'm going to school.

낱말을 배워요

학교 a school

야구장 a ball park

백화점 a department store

집 a house

교회 a church

식당 a restaurant

연습해요

1.

2.

3.

4.

더 배워요

유치원에 갑니다

김성균 요·곡

듣고 찾아봐요

1

차 ㅊ 치 차

카 ㅋ 키 카

차례

마차

카드

조카

타 ㅌ 티 타

파 ㅍ 피 파

타조

기타

파도

양파

하 ㅎ 히 하

하마

지하철

듣고 색칠해요

1.

파	바

2.

차	카

3.

다	타

4.

하	차

5.

하	파

6.

카	가

7 포도를 좋아해요?

포도를 좋아해요?

Do you like grapes?

네, 좋아해요.

Yes, I do.

낱말을 배워요

포도 grapes

좋아해요 I like it.

닭고기 chicken

감자튀김 French fries

농구 basketball

수박 a watermelon

연습해요

1. 닭고기를 좋아해요? 네, 닭고기를 좋아해요.

2. 농구를 좋아해요? 네, ________를 좋아해요.

3. ________을 좋아해요? 네, 수박을 좋아해요.

4. ________을 좋아해요? 네, ________을 좋아해요.

더 배워요

옛날에

김성균 요·곡

옛 날에 옛날에 공주님이 소풍가다가
호 랑 이를(큰 북) 만 났 죠 참 무서웠어 요
나 — 비를(칭칭이) 만 났 죠 참 좋아했어 요
별 — 님을(방 울) 만 났 죠 참 좋아했어 요
무 지 개를(실로폰) 만 났 죠 참 좋아했어 요
천 — 둥을(심벌즈) 만 났 죠 참 무서웠어 요

듣고 표시해요

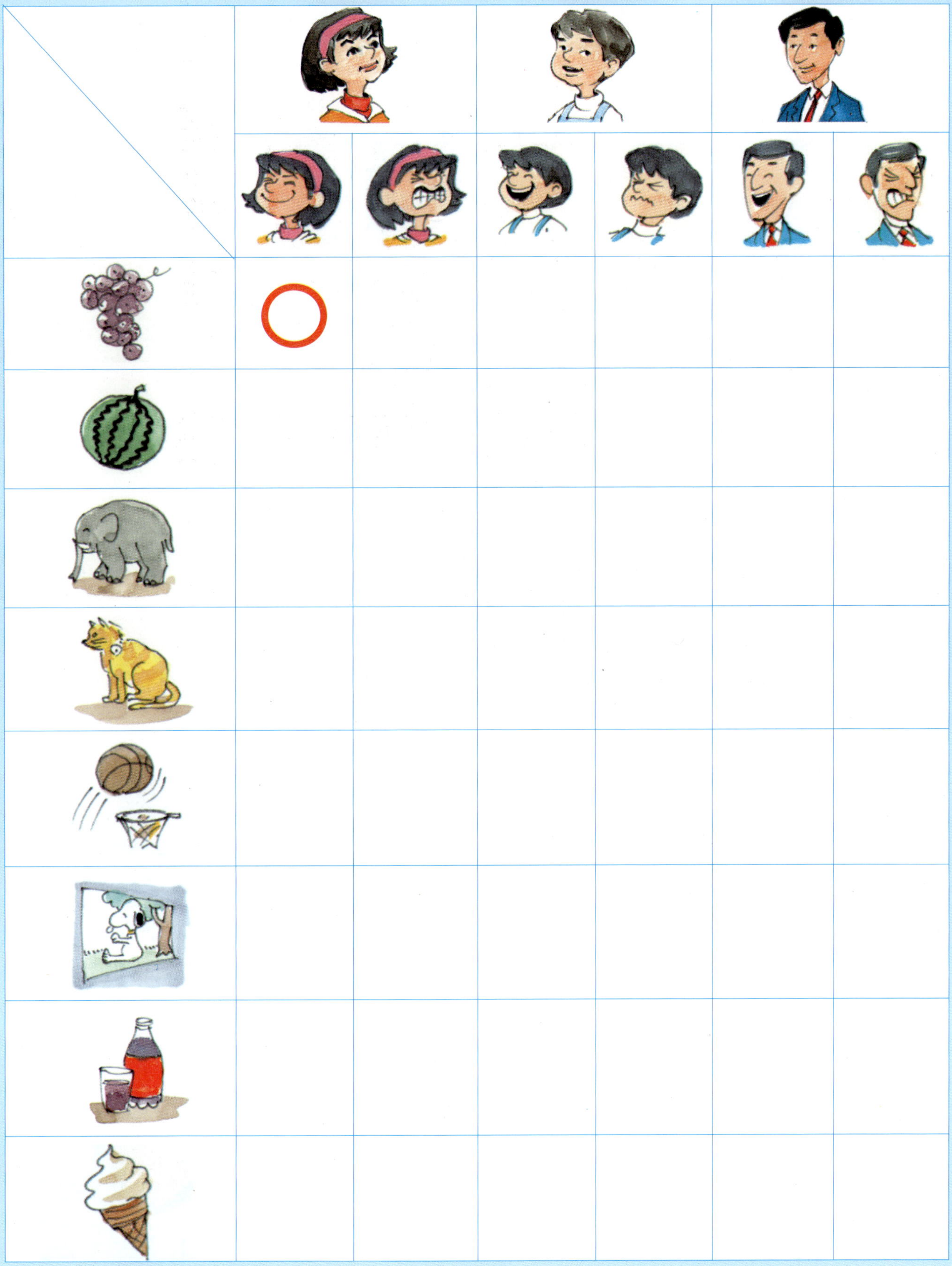

1. | 애 | ㅇ | 이 | 아 | 애 |
|---|---|---|---|---|

얘	ㅇ	이	아	야	얘

애기

얘기

2. | 에 | ㅇ | ㅇ | 어 | 에 |
|---|---|---|---|---|

예	ㅇ	ㅇ	ㅇ	여	예

어디에?

예의

3. | 와 | ㅇ | ㅇ | 오 | 외 | 와 |
|---|---|---|---|---|---|

왜	ㅇ	ㅇ	오	외	와	왜

기와

왜?

4. 외 | ㅇ | ㅇ | 오 | 외

워 | ㅇ | 으 | 우 | 우 | 워

외삼촌

워싱턴

5. 웨 | ㅇ | 으 | 우 | 우 | 워 | 웨

위 | ㅇ | 으 | 우 | 위

웨딩드레스

바위

6. 의 | ㅇ | 으 | 의

의자

8 냉장고에 빵이 있어요.

배가 고파요.

I'm hungry.

냉장고에 빵이 있어요.

There's bread in the refrigerator.

낱말을 배워요

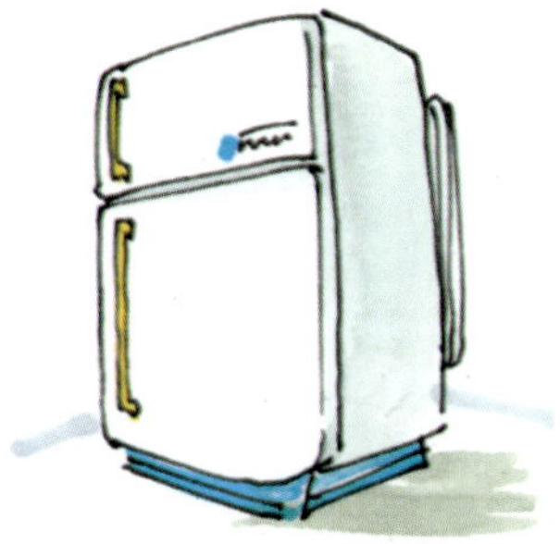

냉장고 a refrigerator

식탁 a table

목욕탕 a bathroom

수건 a towel

방 a room

침대 a bed

연습해요

1.

목욕탕에 수건이 있어요.

2.

_____에 ____가 있어요.

3.

_____에 _____이 있어요.

4.

_____에 _____가 있어요.

더 배워요

1. 어디에 고양이가 있어요?
   책상 옆에 고양이가 있어요.

2. 어디에 책이 있어요?
   책상 위에 책이 있어요.

3. 공이 어디에 있어요?
   책상 아래에 공이 있어요.

4. 만화책이 어디에 있어요?
   책상 서랍 안에 있어요.

요기 여기

김정순 작사
김숙경 작곡

듣고 그려 봐요

까 ㄱ ㄲ 끼 까

따 ㄷ ㄸ 띠 따

까치

까마귀

따르릉

따오기

빠 ㅂ ㅃ 삐 빠

싸 ㅅ ㅆ 씨 싸

오빠

아빠

눈싸움

오줌싸개

짜 ㅈ ㅉ 찌 짜

십원짜리

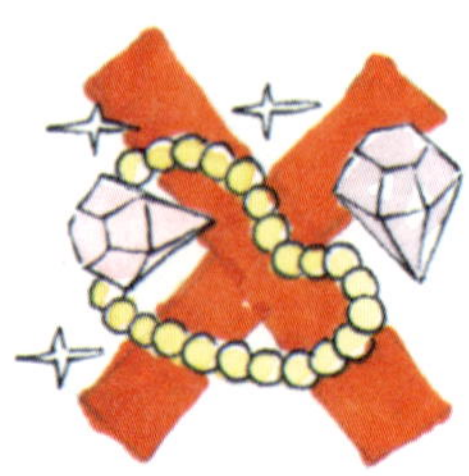
가짜

듣고 색칠해요

1.

까	가

2.

싸	사

3.

빠	바

4.

짜	자

5.

따	다

6.

까	싸

9 딸기주스 좀 주세요.

딸기 주스 좀 주세요.
May I have some strawberry juice?

미안해요, 딸기 주스가 없어요.
I'm sorry, but we don't have any strawberry juice.

낱말을 배워요

딸기 주스 strawberry juice

미안해요 I'm sorry.

주세요 May I have?

받으세요 Please take.

씻으세요 Please wash.

앉으세요 Please sit down.

연습해요

1\. 사과 좀 주세요.

2\. 손 좀 ___________

3\. 전화 _________________

4\. 여기 ________________.

더 배워요

1.

2.

3.

자전거

목일신 요
김대현 곡

듣고 찾아봐요

1.

2.

3.

4.

5.

6.

받침

악기 낚시

부엌

언니

다섯 있다 닫다

히읗

낫다 꽃 끝

얼굴

엄마

입

엽

강

10 오늘이 며칠이에요?

오늘이 며칠이에요?

What's today's date?

구월 오일이에요.

It's September 5th.

낱말을 배워요

오늘 today

생일 a birthday

일월 January

이월 February

삼월 March

사월 April

오월 May

유월 June

칠월 July

팔월 August

구월 September

시월 October

십일월 November

십이월 December

며칠 What date

설날 New Year's Day

일일 the 1st

이일 the 2nd

삼일 the 3rd

사일 the 4th

오일 the 5th

육일 the 6th

칠일 the 7th

팔일 the 8th

구일 the 9th

십일 the 10th

십일일 the 11th

십이일 the 12th

십삼일 the 13th

이십일 the 20th

삼십일 the 30th

삼십일일 the 31st

연습해요

1. 오늘이 며칠이에요?

10 시 월

일	월	화	수	목	금	토
				1	2	3
4	5	6	7	8	9	10
11	12	13	14	15	16	17
18	19	20	21	22	23	24
25	26	27	28	29	30	31

시월 구일이에요.

2. 오늘이 며칠이에요?

3 삼 월

일	월	화	수	목	금	토
1	2	3	4	5	6	7
8	9	10	11	12	13	14
15	16	17	18	19	20	21
22	23	24	25	26	27	28
29	30	31				

__________이에요.

3. ____________________?

6 유 월

일	월	화	수	목	금	토
	1	2	3	4	5	6
7	8	9	10	11	12	13
14	15	16	17	18	19	20
21	22	23	24	25	26	27
28	29	30				

유월 육일이에요.

4. ____________________?

12 십이월

일	월	화	수	목	금	토
		1	2	3	4	5
6	7	8	9	10	11	12
13	14	15	16	17	18	19
20	21	22	23	24	25	26
27	28	29	30	31		

____________________.

더 배워요

1.

2.

생일 축하합니다

듣고 찾아봐요

1 JANUARY

일	월	화	수	목	금	토
				1	2	3
4	5	6	7	8	9	10
11	12	13	14	15	16	17
18	19	20	21	22	23	24
25	26	27	28	29	30	31

2 FEBRUARY

일	월	화	수	목	금	토
1	2	3	4	5	6	7
8	9	10	11	12	13	14
15	16	17	18	19	20	21
22	23	24	25	26	27	28

3 MARCH

일	월	화	수	목	금	토
1	2	3	4	5	6	7
8	9	10	11	12	13	14
15	16	17	18	19	20	21
22	23	24	25	26	27	28
29	30	31				

4 APRIL

일	월	화	수	목	금	토
			1	2	3	4
5	6	7	8	9	10	11
12	13	14	15	16	17	18
19	20	21	22	23	24	25
26	27	28	29	30		

5 MAY

일	월	화	수	목	금	토
					1	2
3	4	5	6	7	8	9
10	11	12	13	14	15	16
17	18	19	20	21	22	23
24	25	26	27	28	29	30
31						

6 JUNE

일	월	화	수	목	금	토
	1	2	3	4	5	6
7	8	9	10	11	12	13
14	15	16	17	18	19	20
21	22	23	24	25	26	27
28	29	30				

7 JULY

일	월	화	수	목	금	토
			1	2	3	4
5	6	7	8	9	10	11
12	13	14	15	16	17	18
19	20	21	22	23	24	25
26	27	28	29	30	31	

8 AUGUST

일	월	화	수	목	금	토
						1
2	3	4	5	6	7	8
9	10	11	12	13	14	15
16	17	18	19	20	21	22
23	24	25	26	27	28	29
30	31					

9 SEPTEMBER

일	월	화	수	목	금	토
		1	2	3	4	5
6	7	8	9	10	11	12
13	14	15	16	17	18	19
20	21	22	23	24	25	26
27	28	29	30			

10 OCTOBER

일	월	화	수	목	금	토
				1	2	3
4	5	6	7	8	9	10
11	12	13	14	15	16	17
18	19	20	21	22	23	24
25	26	27	28	29	30	31

11 NOVEMBER

일	월	화	수	목	금	토
1	2	3	4	5	6	7
8	9	10	11	12	13	14
15	16	17	18	19	20	21
22	23	24	25	26	27	28
29	30					

12 DECEMBER

일	월	화	수	목	금	토
		1	2	3	4	5
6	7	8	9	10	11	12
13	14	15	16	17	18	19
20	21	22	23	24	25	26
27	28	29	30	31		

몫				

몫

앉				

앉다

많				

많다

흙				

흙

삶				

삶다

넓				

넓다

곬				

외곬

핥				

핥다

읊				

읊다

싫				

싫다

값				

값

11 뭘 그려요?

뭘 그려요?
What are you drawing?

우주선을 그려요.
I'm drawing a spaceship.

우주인하고 별도 그려요?
Are you drawing a spaceman and stars, too?

낱말을 배워요

그려요 I draw.

우주선 a spaceship

우주인 a spaceman

별 a star

먹어요 I eat.

배워요 I learn.

사요 I buy.

만들어요 I make.

연습해요

1. 

아버지하고 어머니가
방에 계세요.

2. 

_______하고 연필을 사요.

3. 

________하고 ______를 먹어요.

4. 

________하고 ______를 그려요.

5.  

______를 배워요.

연습해요

1. 뭘 그려요?  꽃하고 나비를 그려요.

2. 뭘 만들어요?  ____________________.

3. __________?  _____하고 _____를 사요.

4. __________?  ____________________.

1. 코끼리 코가 길어요.  기린 목도 길어요.

2. 꽃이 예뻐요.   미나____ 예뻐요.

3. 야구가 재미있어요.   농구____ ________.

더 배워요

토끼와 거북이가 경주를 해요.
아기 곰과 다람쥐가 박수를 쳐요.

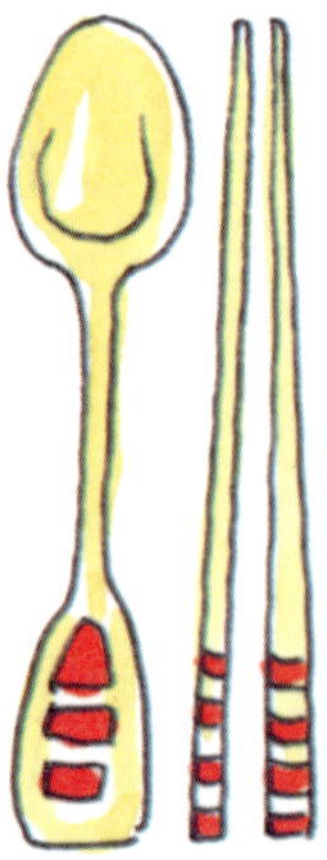

숟가락과 젓가락

실과 바늘

꽃과 나비

미녀와 야수

읽고 대답해요

우리 가족

우리 가족은 할머니하고 아버지하고 어머니하고 저와 여동생이에요.

우리 집에 개와 고양이도 있어요.

개 이름은 멍멍이예요.

고양이 이름은 야옹이예요.

동생은 멍멍이를 좋아해요.

할머니는 야옹이를 싫어해요.

저는 멍멍이와 야옹이를 다 좋아해요.

1. 우리 가족에 ○표를 하세요.

2. 누가 개를 좋아해요?

12 공부하지 않아요.

지금 공부해요?

Are you studying now?

아니오, 공부하지 않아요.

No, I'm not studying.

놀아요.

I'm playing.

어서 공부하세요.

You'd better study.

낱말을 배워요

공부해요 I study.

놀아요 I play.

자요 I sleep.

(피아노)를 쳐요 I play (the piano).

울어요 I cry.

읽어요 I read.

봐요 I look.

눈 snow

연습해요

1.

아기가 울어요.

아기가 울지 않아요.

2.

피아노를 쳐요.

피아노를 ________________.

3.

눈이 와요.

눈이 ________________.

4.

머리가 길어요.

머리가 ________________.

연습해요

1. 지금 미나가 공부해요?

아니오, 공부하지 않아요.

2. 지금 자요?

아니오, ______지 않아요.

3. 지금 전화해요?

아니오, ______지 않아요.

4. 지금 책을 읽어요?

아니오, 읽지 ________.

5. 바지가 길어요?

아니오, 길지 ________.

6. 지금 텔레비전을 봐요?

아니오, ________.

7. 책이 많아요?

아니오, ________.

더 배워요

듣고 대답해요

1.

2.

3.

4.

5.

6.

13 모두 다섯 개예요.

인형이 모두 몇 개예요?

How many dolls are there?

하나, 둘, 셋, 넷, 다섯.

One, two, three, four, five.

모두 다섯 개예요.

Althogether there are five.

인형을 좋아해요?

Do you like dolls?

모두 열 다섯 개

Altogether (there are) fifteen.

연습해요

1. 풍선이 몇 개예요?

두 개예요.

2. 단추가 몇 개예요?

________ 개예요.

3. 사탕이 ____________?

________________.

4. 시계가 ____________?

________________.

연습해요

1. 숟가락이 모두 몇 개예요?

2. 모자가 모두 몇 개예요?

3. 별이 모두 몇 개예요?

4. 종이 모두 몇 개예요?

더 배워요

1. 몇 살이에요?

세 살이에요.

2. 지금 몇 시예요?

두 시 오 분이에요.

3. 경찰이 몇 명이에요?

일곱 명이에요.

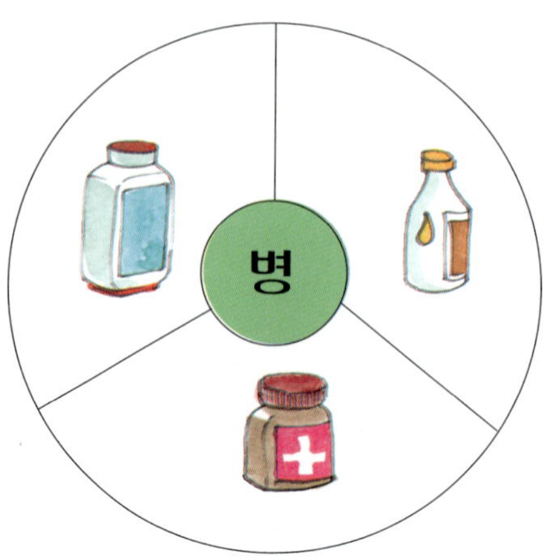

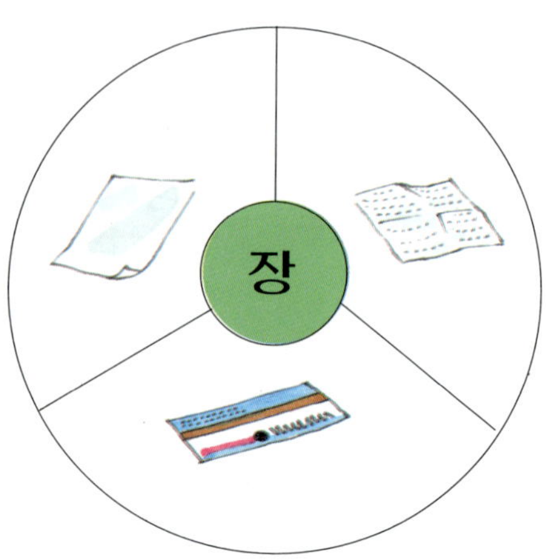

꼬마 인디언

미국 전래 민요

14 인어공주를 봤어요?

인어공주를 봤어요?

Have you ever seen 'The Little Mermaid'?

네, 세 번 봤어요.

Yes, I have seen it three times.

세 번이나요?

Three times?

낱말을 배워요

인어공주 a mermaid princess

닫아요 I close.

약 medicine

일기 a diary

편지 a letter

청소해요 I clean.

써요 I write.

만나요 I meet.

연습해요

1. 영화를 봐요.

→

영화를 봤어요.

2. 약을 먹어요.

→

____________________.

3. 일기를 써요.

→

____________________.

4. 손을 씻어요.

→

____________________.

5. 청소해요.

→

____________________.

6. 문을 닫아요.

→

____________________.

연습해요

뭘 했어요?

나무에 물을 주었어요.

________________________.

________________________.

1. 여자친구가 열 명이 있어요.

열 명이나요?

2. 집에 개가 다섯 마리 있어요.

______________?

3. 콜라를 네 병 마셨어요.

______________?

4. 시계가 여덟 개 있어요.

______________?

더 배워요

듣고 ∨표를 해요

( )

2. ( ) ( )

3. ( ) ( )

4. ( ) ( )

5. ( ) ( )

15 카드를 만들겠어요.

내일이 어머니 날이에요.

Tomorrow is Mother's Day.

저는 카드를 만들겠어요.

I'm going to make a card.

그래요?

Oh, really?

저는 꽃을 사겠어요.

I'm going to buy some flowers.

낱말을 배워요

내일 tomorrow

어머니 날 Mother's Day

카드 a card

목욕해요 I take a bath.

병원 a hospital

산 a mountain

모레 the day after tomorrow

떠나요 I leave.

연습해요

1.

청소를 했어요. …(　　)

청소를 하겠어요. …(O)

2.

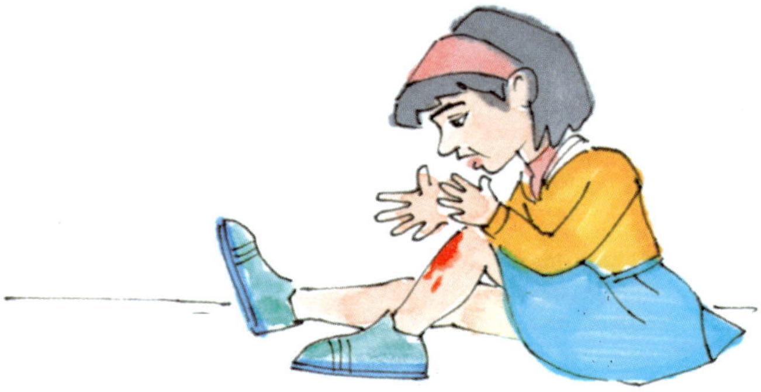

병원에 갔어요. …(　　)

병원에 가겠어요. …(　　)

3.

그림을 그렸어요.…(　　)

그림을 그리겠어요.…(　　)

4.

목욕을 했어요. …(　　)

목욕을 하겠어요. …(　　)

연습해요

1. 무엇을 보겠어요?

야구를 보겠어요.

2. 어디에 가겠어요?

______에 가겠어요.

3. 무엇을 먹겠어요?

________________.

4. 누구를 기다리겠어요?

________________.

5. 무엇을 사겠어요?

________________.

6. 언제 떠나겠어요?

일 sun	월 mon	화 tue	수 wed	목 thu	금 fri	토 sat
·	·	1	2	3	4	5
6	7	8	9	10	11	12
13	14	15 오늘	16	(17)	18	19
20	21	22	23	24	25	26
27	28	29	30	·	·	·

________________.

더 배워요

1.

2.

노래를 불러요

어머니

정혜옥 요·곡

16 뚱뚱한 고양이와 작은 쥐

이 이야기에 누가 나와요?
Who appears in this story?

뚱뚱한 고양이하고 작은 쥐가 나와요.
There is a fat cat and a little mouse in this story.

고양이가 착해요?
Is the cat good?

아니오, 작은 쥐가 착해요.
No, the little mouse is good.

낱말을 배워요

이야기 a story

나와요 It appears in.

뚱뚱해요 It's fat.

작아요 It's small.

쥐 a mouse

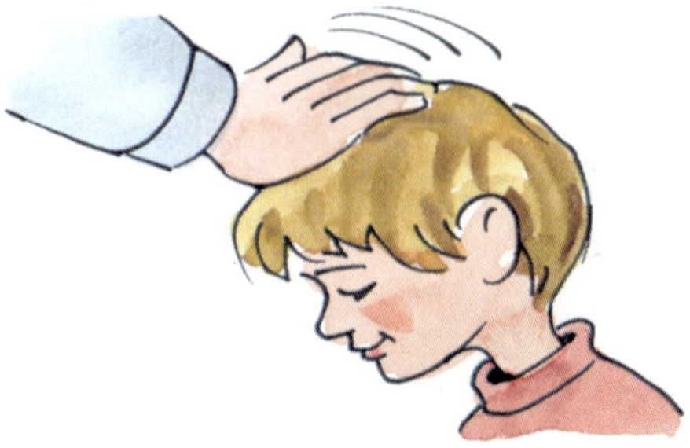

착해요 It's good.

넓어요 It's wide.

높아요 It's high.

연습해요

1.

고양이가 뚱뚱해요.
→ 뚱뚱한 고양이예요.

2.

방이 깨끗해요.
→ ________ 방이에요.

3.

아기가 착해요.
→ ________ 아이예요.

4.

옷이 예뻐요.
→ 예쁜 옷이에요.

5.

눈이 커요.
→ ________ 눈이에요.

6.

마녀가 나빠요.
→ ________ 마녀예요.

연습해요

7. 

쥐가 작아요.
→ 작은 쥐예요.

8. 

생각이 좋아요.
→ __________ 생각이에요.

9. 

고속도로가 넓어요.
→ __________ 고속도로예요.

10. 

자리가 좁아요.
→ __________ 자리예요.

11. 

산이 높아요.
→ __________ 산이에요.

12. 

치마가 짧아요.
→ __________ 치마예요.

더 배워요

공원에 많은 사람들이 있어요.

운동하는 사람도 있어요.

신문을 읽는 할아버지도 있어요.

맛있는 솜사탕도 팔아요.

읽고 대답해요

숲속에 예쁜 백설공주와 착한 난장이들이 살았어요.

백설공주는 난장이들과 작은 집에서 재미있는 이야기를 했어요.

귀여운 토끼와 작은 새들도 이야기를 들었어요.

정말 재미있는 이야기였어요.

1. 숲 속에 누가 살았어요?

2. 백설공주와 난장이들은 무엇을 했어요?

3. 누가 이야기를 들었어요?

17 밖에 나가고 싶어요.

심심해요.

I'm bored.

뭘 하고 싶어요?

What do you want to do?

밖에 나가고 싶어요.

I want to go out.

낱말을 배워요

심심해요 I'm bored.

나가요 I go out.

구경해요 I sight-see.

잡아요 I catch.

입어요 I wear.

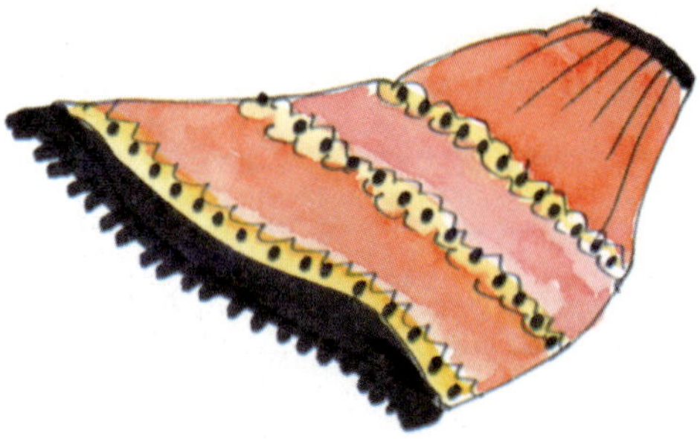

치마 a skirt

바다 the sea

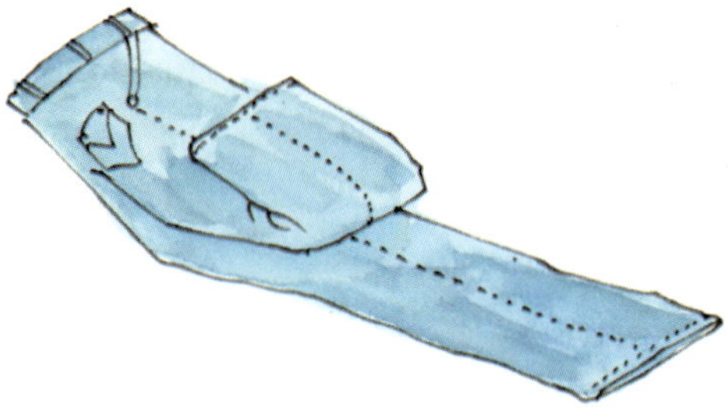

바지 pants

연습해요

뭘 하고 싶어요?

1.

아이스크림을 먹고 싶어요.

2.

바다 속을 ______________.

3.

산타 할아버지를 ______________.

4.

다람쥐를 ______________.

연습해요

저는 미나예요.

예쁜 치마를
입고 싶어요.

짧은 양말을
신고 싶어요.

노란 모자를
쓰고 싶어요.

저는 준호예요.

반바지를
______________.

긴 양말을
____________.

파란 모자를
___________.

준호를 만나고 싶어요.　　　미나를 _________________.

더 배워요

동생과 저는 탐험가가 되고 싶어요.

저는 북극에 가고 싶어요.

제 동생은 남극에 가고 싶어해요.

저는 북극곰을 만나고 싶어요.

제 동생은 펭귄을 만나고 싶어해요.

듣고 대답해요

1. 파랑새는 어디에 살아요?

2. 파랑새는 뭘 하고 싶어해요?

18 어디에서 샀어요?

이 비행기 좀 보세요.

Look at this airplane.

참 멋있어요.

Oh! It's great.

어디에서 샀어요?

Where did you buy it?

아빠하고 같이 만들었어요.

I made it with my dad.

낱말을 배워요

비행기 an airplane

멋있어요 It's great.

야영해요 I camp.

그네 a swing

놀이터 a playground

설거지해요 I do the dishes.

닦아요 I wash.

잔디 a lawn

연습해요

1. 

자전거를 탔어요.

공원에서 자전거를 탔어요.

2. 

장난감을 샀어요.

______에서 장난감을 샀어요.

3. 

야영을 했어요.

______에서 야영을 했어요.

4. 

그네를 탔어요.

______에서 그네를 탔어요.

5. 

영화를 봤어요.

______________________.

6. 

책을 읽었어요.

______________________.

연습해요

1\. 누구하고 같이 점심을 먹었어요?

미나하고 같이 점심을 먹었어요.

2\. 누구하고 같이 설거지했어요?

________하고 같이 설거지했어요.

3\. 누구하고 같이 차를 닦았어요?

________같이 차를 닦았어요.

4\. 누구하고 같이 컴퓨터 게임을 했어요?

__________ 컴퓨터 게임을 했어요.

5\. 누구하고 같이 잔디를 깎았어요?

________________________________.

6\. ______________________________________?

________________________________.

더 배워요

비행기

19 얼마예요?

저 모자가 마음에 들어요.

I like that hat.

얼마예요?

How much is it?

10,000원이에요.

It's 10,000 won.

한 번 써 봐요.

Try it on.

낱말을 배워요

얼마예요? How much is it?

만 원 10,000won

(모자)를 써요 I put on(a hat).

칫솔 a toothbrush

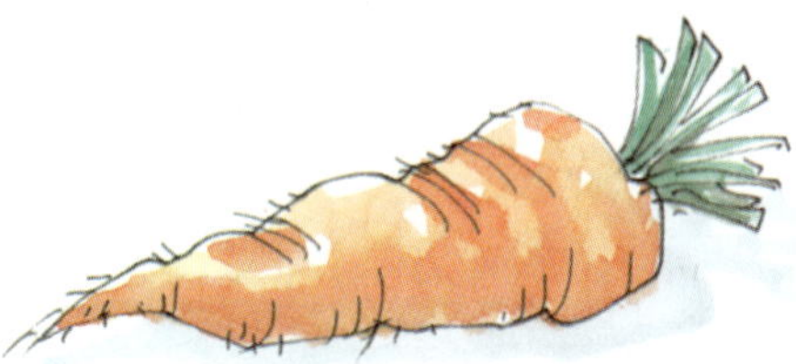

당근 a carrot

찾아요 I search.

생선 a fish

가수 a singer

연습해요

1. 과자가 얼마예요?  500원이에요.

2. 주스가 얼마예요?  ________이에요.

3. 칫솔이 __________?  ________이에요.

4. 빵이 얼마예요?  ______________.

5. ________________?  ______________.

6. 모두 얼마예요?  ______________.

연습해요

1. 엄마, 고양이가 안 보여요.

찾아 봐요.

2. 예쁜 옷을 샀어요.

________봐요.

3. 재미있는 노래를 배웠어요.

______________.

4. 그 샌드위치가 맛있어요?

______________.

마음에 들어요?

1.  네, 선물이 마음에 들어요.	 네, 새 친구가 __________.
2.  아니오, 반바지가 ________.	 아니오, 가수가 __________.

더 배워요

듣고 값을 써요

준호가 모두 ________원을 냈어요.

20 우리집에 올 수 있어요?

이따가 우리 집에 올 수 있어요?

Can you come to my house later?

아니오, 갈 수 없어요.

No, I can't.

왜요?

Why?

엄마하고 약속이 있어요.

I have to meet my mom today.

낱말을 배워요

약속 an appointment

고쳐요 I fix.

마술을 해요 I do a magic trick.

올라가요 I climb up.

수영해요 I swim.

(젓가락)을 써요
I use (chopsticks).

날려요 I fly (a kite).

줄넘기 a jumprope.

연습해요

1.

젓가락을 쓸 수 있어요.

젓가락을 쓸 수 없어요.

2.

말을 탈 수 있어요.

____________________.

3.

연을 날릴 수 있어요.

____________________.

4.

____________________.

마술을 할 수 없어요.

5.

____________________.

자동차를 운전할 수 없어요.

연습해요

1. 수영할 수 있어요? — 네, 수영할 수 있어요. / 아니오, 수영할 수 없어요.

2. 춤을 출 수 있어요? — 네, 춤을 ____________________.

3. 매운 음식을 먹을 수 있어요? — 아니오, 매운 음식을 __________.

4. 자전거를 탈 수 있어요? — 아니오, 자전거를 _____________.

5. 나무에 올라갈 수 있어요? — 아니오, 나무에 _______________.

6. 줄넘기를 할 수 있어요? — 네, _________________________.

7. 스키를 탈 수 있어요? — 네, _________________________.

8. 텔레비전을 고칠 수 있어요? — 아니오, _____________________.

더 배워요

듣고 찾아봐요

가.

나.

다.

라.

1. (   )
2. (   )
3. (   )

21 할아버지 좀 바꿔 주세요.

여보세요, 산타할아버지 집이에요.
Hello, Santa Claus' residence.

저는 준호예요.
Hello, this is Jun-ho.

할아버지 좀 바꿔 주세요.
May I speak with Santa Claus, Please?

지금 안 계세요.
He's not in right now.

그럼, 이따가 다시 걸겠어요.
Then, I'll call again a little later.

낱말을 배워요

바꿔요 I switch (over to him).

걸어요 I phone.

열어요 I open.

빌려요 I lend.

의사 a doctor

보여요 I show.

전화번호 a telephone number

가르쳐요 I teach.

연습해요

1.

여보세요, 저는 미나예요.

선생님 좀 바꿔주세요.

2.

여보세요, ________이에요.

의사 선생님 좀 바꿔주세요.

3.

__________, 준호예요.

아빠 좀 __________.

4.

________, ________예요.

______________________.

연습해요

1. 아빠, 샌드위치를 만들어 주세요.

아빠가 샌드위치를 만들어요.

2. 형, 창문을 ________ 주세요.

형이 창문을 열어요.

3. 엄마, 솜사탕을 ________ 주세요.

엄마가 솜사탕을 사요.

---

1. 이 책이 참 재미있어요.

빌려주세요.

2. 우리집에 전화하세요.

전화번호를________주세요.

3. 이게 제 여자친구 사진이에요.

______________________________.

더 배워요

1.

2.

읽고 대답을 써요

미나는 집에 혼자 있어요.
"따르릉!"
전화가 왔어요.
"여보세요. 미나네 집이에요."
"미안해요. 잘못 걸었어요."
미나는 전화를 끊었어요.
"따르릉!"
또 전화가 왔어요.
"여보세요. 미나예요."
"거기 361에 3469번이에요?"
"아니에요. 여기는 361-3468번이에요."
미나는 또 전화를 끊었어요.
"따르릉!"
"여보세요?"
"……."
아무 말도 없었어요.
미나는 화가 났어요.
오늘은 참 이상한 날이에요.

〈질문〉

1. 미나는 전화를 몇 번 받았어요?

2. 미나는 왜 화가 났어요?

22 아주 큰데요.

야! 아주 큰데요.

Wow, it's so big.

그거 누가 잡았어요?

Who caught it?

내가 잡았어요.

I caught it.

나도 내일 낚시하러 가겠어요.

Tomorrow, I'll go fishing too.

잡아요 I catch.

낚시해요 I fish.

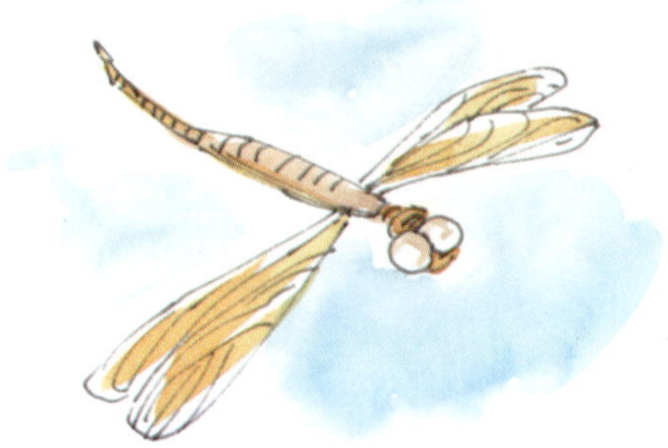

잠자리 a dragonfly

엽서 a post card

부쳐요 I send.

(탁구)를 쳐요 I play(ping-pong).

응원해요 I cheer(on the team).

연극 a play

연습해요

어때요?

1.

아주 뚱뚱한데요!

2.

아주 ____________!

3.

아주 높은데요!

4.

아주 ____________!

5.

__________________!

6.

__________________!

연습해요

뭘 하러 가요?

....

1.

여자친구를 만나러 가요.

2.

잠자리를 ________ 가요.

3.

엽서를 ________ 가요.

4.

탁구를 ________ 가요.

5.

응원을 ______________.

6.

공책을 ______________.

더 배워요

1.

2.

노래를 불러요

고기잡이

조금 빠르게

윤극영 요 · 곡

23 제가 도와 드릴까요?

제가 도와 드릴까요?
Can I help you?

괜찮아요.
No, that's all right.

정말 혼자 할 수 있어요?
Are you sure you can do it by yourself?

그럼요. 문제없어요.
Yes, I'm sure. No problem.

낱말을 배워요

도와 드려요 I help.

문제없어요 No problem.

꺼요 I turn off.

놓아요 I put.

지워요 I erase.

태워줘요 I give a ride.

켜요 I turn on.

넣어요 I put in.

연습해요

1.

텔레비전을 끌까요?

2.

어디에 ____________?

3.

칠판을 ____________?

4.

창문을 ____________?

5.

____________________?

6.

____________________?

연습해요

1\. 이 풍선을 줄까요?

네, 주세요.

2\. 좀 ________________?

네, 앉으세요.

3\. 전화 좀 쓸까요?

네, ________

4\. 텔레비전을 __________?

네, 켜세요.

5\. 냉장고에 ____________?

네, ________

더 배워요

읽고 대답해요

나무가 울어요.
아기가 물었어요.
"나무 아저씨 왜 울어요? 도와 드릴까요?"
나무는 말했어요.
"바람이 불어요. 너무 추워요."
아기는 바람에게 부탁했어요.
"바람님, 가 주세요."
다음 날도 아기는 나무한테 갔어요
나무는 또 울어요.
나무가 말했어요.
"너무 더워요."
아기는 햇님에게 부탁했어요.
"햇님, 가 주세요."
이제 나무는 기분이 좋아요.
나무는 아기에게 말했어요.
"우리 같이 놀까요?"
아기는 기분이 좋아요.

〈질문〉

1. 나무는 왜 울어요?

2. 나무는 왜 추워요?

3. 아기는 왜 기분이 좋아요?

24 이가 아파요.

선생님, 이가 아파요.

I have a toothache, doctor.

자, 아-

Say ah-

아이쿠, 이가 썩었어요.

Oh, you have a cavity.

이를 잘 닦아야 해요.

You must brush your teeth thoroughly.

초콜릿도 많이 먹지 마세요.

And don't eat too much chocolate.

낱말을 배워요

이 teeth

썩어요 It decays.

졸려요 I'm sleepy.

시험 an exam

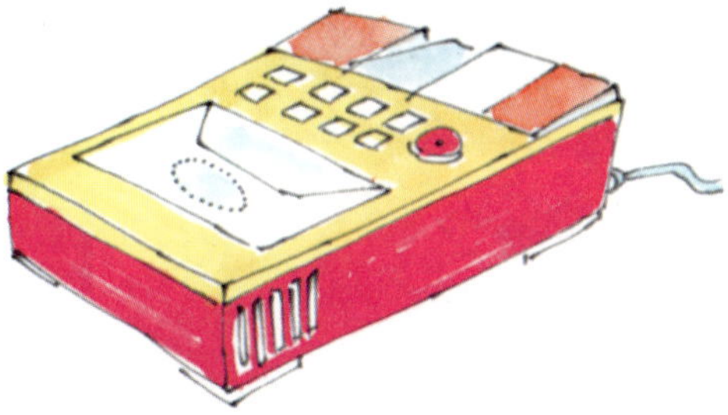

녹음기 a tape recorder

고장나요 It's broken.

떠들어요 I yell.

비밀 a secret

연습해요

1.

어떻게 할까요?

배가 아파요. 병원에 가야 해요.

2.

어떻게 할까요?

너무 졸려요. 잠을 ___________.

3.

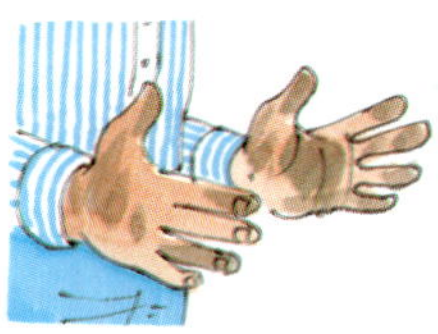

어떻게 할까요?

손이 더러워요. 손을 ___________.

4.

어떻게 할까요?

내일 시험을 봐요. 공부를 ___________.

5.

어떻게 할까요?

숙제가 많아요. ___________________.

6.

어떻게 할까요?

녹음기가 고장났어요. ___________________.

연습해요

1.

아기가 울어요.

울지 마세요.

2.

준호가 떠들어요.

______지 마세요.

3.

콜라를 마셔요.

많이 __________.

연결해요

1. 뚱뚱해요.	○	○	떠들지 마세요.
2. 아기가 잠을 자요.	○	○	창문을 열지 마세요.
3. 추워요.	○	○	얘기하지 마세요.
4. 비밀이에요.	○	○	아이스크림을 많이 먹지 마세요.
5. 너무 비싸요.	○	○	사지 마세요.

더 배워요

병원 놀이

장민수 요
장정욱 곡

빠르지 않게

25 지구가 달보다 더 커요.

지구가 커요? 달이 커요?
Which is bigger, the earth or the moon?

지구가 달보다 더 커요.
The earth is bigger than the moon.

지구가 커요? 해가 커요?
Which is bigger, the earth or the sun?

해가 지구보다 훨씬 커요.
The sun is much bigger than the earth.

해가 제일 커요.
The sun is the biggest of all.

낱말을 배워요

지구 the earth

달 the moon

해 the sun

빨라요 It's fast.

빛 light

요리사 a cook

간호사 a nurse

말 a horse

연습해요

1.

말이 빨라요.

2.

자동차가 말보다 더 빨라요.

3.

________가 자동차보다 더 ________.

4.

로케트가 ________보다 더 ________.

5.

______이 ______보다 더 ________.

빛이 제일 ________________.

말이 ________________ 느려요.

연습해요

1. 농구선수가 커요?

   농구선수가 가수보다 커요.

2. 간호사가 뚱뚱해요? 요리사가 뚱뚱해요?

   ________가 ______보다 _______.

3. 간호사가 작아요? 의사 선생님이 작아요?

   ________가 ________________.

4. 누가 제일 커요?

   ________가 제일 _____________.

5. 누가 제일 작아요?

   ______________________________.

6. 누가 제일 뚱뚱해요?

   ______________________________.

더 배워요

읽고 대답해요

개구리 가족이 살았어요.
아빠 개구리, 엄마 개구리, 아기 개구리가 살았어요.
아빠 개구리는 아주 컸어요. 개구리 중에서 제일 컸어요.
어느날 아기 개구리는 밖에서 소를 봤어요.
소가 아주 컸어요. 아빠 개구리보다 훨씬 더 컸어요.
아기 개구리는 아빠 개구리에게 말했어요.
"아빠! 아주 큰 동물을 봤어요."
"아빠보다 더 크니?"
"네, 아빠보다 더 커요."
"그럼, 이만큼 크니?"
"아니오, 그것보다 더 커요."
"그럼 이만큼?"
"아니오, 더 ……"
"그럼, ……"
"펑!"
아빠 개구리의 배가 터졌어요.

<질문>

1. 개구리 가족은 ______개구리, ______개구리, ______개구리예요.

2. 개구리 중에서 누가 제일 커요?

3. 아기 개구리는 뭘 봤어요?

4. 아빠 개구리가 커요? 소가 커요?

이렇게 가르치세요.

제1과 안녕하세요?

목표

* 인사말과 가족의 호칭을 익힌다.

지도 요령

〈본문〉
* 학생 2명씩 짝을 지어서 연습하게 한 후 앞으로 나와서 실제로 해 보게 한다.

〈연습해요〉
* 호칭을 익힌 후 호칭을 사용해 인사하는 법을 익히게 한다.
* 본 교재의 모든 대화는 존대어로 되어 있으므로 어른이 아이에게 반말로 인사해야 하는 상황은 제외되었다.
주의: "안녕하십니까?", "잘 있었니?" 등은 가르치지 않고 "안녕하세요?"만 연습시킨다.

〈더 배워요〉
* (상황3)에서 "안녕"은 아이들끼리 흔히 사용하는 표현이므로 인사에 포함시켰다.

〈노래를 불러요〉
* 노랫말 중 "안녕, 안녕" 부분은 "안녕하세요?"로 바꿔 불러도 무방하다.

〈듣고 찾아봐요〉
* 녹음 내용을 듣고 학생이 맞는 상황의 그림을 지적하게 한다.

제2과 누구예요?

목표

* 자신이나 가족들의 이름을 말할 수 있게 한다.

지도 요령

〈본문〉
* 비슷한 상황을 만들어 연습시킨다. 학생의 습득 능력에 따라 "누구" 대신 학생의 이름을 넣어 연습시켜도 좋다.

〈낱말을 배워요〉
*관계의 기준이 되는 사람의 성별에 따라 호칭이 다름을 주지시킨다.

〈연습해요〉

* "누구예요?"로 물어보았을 때 이름이나 서로의 관계로 대답하는 것을 각각 분리해서 연습시킨다.

〈더 배워요〉

* 학생들이 아직 한글 받침을 모르는 단계이므로 발음을 통해 받침이 있는 이름은 "-이예요."로 받침이 없이 모음으로 끝나는 이름은 "-예요."임을 많은 연습을 통해서 깨닫게 한다.

주의: 학생이 이 원리를 이해하지 못할 경우 원리 설명을 고집하지 말고 교재에 나오는 이름 및 학습 상황에서 쉽게 접할 수 있는 몇 가지 이름에만 "-이에요./예요."를 덧붙여 단어처럼 외우게 한다.

제3과 이게 뭐예요?

목표

* 지시하는 말 "이게", "그게", "저게"의 용법을 익힌다.
* 물건의 이름을 묻고 대답할 수 있게 한다.

지도 요령

〈본문〉

* "이게", "그게", "저게"는 하나의 단어처럼 그대로 사용하게 하며, "이것이", "그것이", "저것이"로 바꿔 연습시키거나 문법적으로 분석하여 가르치지 않는다.

〈연습해요〉

* 1번, 2번, 3번은 '받침이 없는 명사+예요'에 대한 연습이며, 4번 5번은 '받침이 있는 명사+이예요'에 대한 연습이다.

〈더 배워요〉

* "이게"는 말하는 사람 가까이에 있는 물건을 가리킬 때 쓰인다.
* "그게"는 듣는 사람 가까이에 있는 물건을 가리킬 때, 또는 눈에 보이지 않으나 말하는 사람과 듣는 사람이 모두 알고 있는 것을 가리킬 때 쓰인다.
* "저게"는 눈에 보이나 듣는 사람이나 말하는 사람 양쪽 모두로부터 거리가 떨어진 물건을 가리킬 때 쓴다.

주의: 학생들이 "그게"와 "저게"를 혼동하는 경우가 있으므로 이 과에서는 일단 눈에 보이지 않는 것을 가리키는 "그게"는 다루지 말고 눈으로 보이는 경우로만 한정하여 "그게"와 "저게"를 연습시키도록 한다.

제4과 공이 있어요?

목표

* 주격 조사 "-이/가"를 구별해서 쓸 수 있도록 한다.

지도 요령

〈본문〉

* "있다"가 지닌 두 가지 뜻인 '가지고 있다'와 '존재한다'를 구별하지 않고 가르친다.
* 한국어에는 조사가 있다는 것을 반복되는 연습을 통하여 자연스럽게 알게 한다.

〈연습해요〉

* 받침이 있는 명사에는 "-이"를 받침이 없는 명사에는 "-가"를 써야 한다는 것을 알게 한다.

주의: 발음을 통해 명사의 받침 존재 유무를 인식할 수 있도록 유도한다.

* 여러 가지 사물이 그려져 있는 사진이나 그림을 보면서 질문하고, 그 속에 있는 사물을 찾아보게 하여 단어를 확장시킨다.
* 교실 안에 있는 사물이나 학생들이 가지고 있는 물건을 활용해서 응답 연습을 하게 한다.

〈더 배워요〉

* "있어요."의 반대말 "없어요."를 익히는 데 목적이 있으므로 대화 중의 "그럼"에 대한 사용법은 강조하지 않는다.

〈듣고 대답해요〉

* 녹음 내용을 듣고 대답하게 한다. 이 때 정확하게 확인할 수 있도록 학생들에게 대답하면서 손으로 가리키게 한다.

제5과 만화 영화가 재미있어요?

목표

* 상태동사가 쓰인 문장을 익힌다.

지도 요령

〈본문〉

* 영화나 TV 프로그램 등 시사성이 있는 예로서 "재미있어요"의 뜻을 정확하게 이해하게 한 후 적절한 명사를 대치하여 대화를 충분히 연습시킨다.

〈연습해요〉

* 상태동사를 확장, 연습시킬 때는 서로 대비되는 실물이나 그림을 통하여 하는 것이 더 효과적이다.
* 학생들의 학습 속도에 맞추어 상태동사의 수를 제한하거나 확장한다.

〈더 배워요〉

* 질문에 대해 "네", "아니오"와 함께 상태동사로 대답하게 한다.
* 상태동사의 뜻을 강조하는 부사 "아주"와 "너무"의 용법을 익힌다.

제6과 학교에 가요.

목표

* 방향의 조사 "-에"를 쓸 수 있게 한다.

지도 요령

〈본문〉

* 조사 "-에"가 가지는 다른 용법은 주지 말고 "-에 가다."만 연습시킨다.
* 동사의 부정인 "아니오, -에 안 가요." 또는 "-에 가지 않아요."는 가르치지 않는다.

〈더 배워요〉

* 장소를 나타내는 의문사 "어디"가 쓰인 문장을 연습시킨다.

제7과 포도를 좋아해요?

목표

* 목적어를 나타내는 조사 "-을/를"을 구별해서 쓸 수 있도록 한다.

지도 요령

〈본문〉

* 주격조사 "-이/가"와 마찬가지로 목적격조사 "-을/를"도 문법적인 설명을 하지 않고, 받침이 있는 명사와 받침이 없는 명사에 연결하는 연습을 통하여 문장 속에서 자연스럽게 익히도록 유도한다.
* 1인칭이나 2인칭의 주어가 쓰이지 않은 문장을 통해 한국어의 구조를 경험하게 한다.

〈연습해요〉

* 1번, 2번은 받침 없는 명사에 대한 연습이며, 3번, 4번은 받침 있는 명사에 대한 연습이다. 이 때에도 역시 앞에서와 같이 발음을 통해 받침의 유무를 알 수 있게 한다.

〈더 배워요〉

* "좋아요."와 "싫어요."를 주지 않는다.
* 의문사 "뭘"을 사용하여 질문하고 대답할 수 있게 하며 "무엇을"의 준말임을 드러내 설명하지 않아도 좋다.

〈노래를 불러요〉

* 노랫말 중 "나비를" 대신하여 여러 가지 명사를 대체시켜 부르는 것도 좋다. 예를 들면 학생들의 이름을 넣어 부르는 것도 재미있다.

〈듣고 표시해요〉

* 녹음 내용을 듣고 해당되는 칸에 동그라미로 표시하게 한다.

제8과 냉장고에 빵이 있어요.

목표

* 장소를 나타내는 조사 "-에"를 익힌다.
* 위치를 나타내는 "위, 옆, 아래, 안" 등을 익힌다.

지도 요령

〈본문〉
* 장소를 나타내는 조사 "-에"와 "있다"가 항상 함께 쓰임을 주지시킨다.

〈연습해요〉
* 학생들의 수준에 따라 단어를 확장시킬 수도 있다. (소파, 의자, 세탁기, 책상…)
* 학생들에게 해당 내용의 그림을 나누어 준 후, 그림을 가지고 나와 문장을 말하게 한다.
  예: 학생에게 침대에 인형이 있는 그림을 주고 그 학생이 그 그림을 가지고 문장을 말하게 한다.

〈더 배워요〉
* "옆, 위, 아래, 안"의 의미를 이해하게 한 후 교사의 지시에 따라 학생들이 기준이 되는 물건(책상)의 "옆, 위, 아래, 안"을 직접 손으로 짚어 보게 하는 방법으로 낱말을 익힌다.
* 조사 "-에"와 "있다"가 함께 쓰임을 주지시키기 위해 주어를 생략할 수 있다.
  예: 책상 옆에 (고양이가) 있어요.

게임: 한 학생이 위치를 말하게 하고 (예 : 책상 위에 있어요.)
다른 학생이 무엇인지 대답하게 한다.(예 : 책이에요.)

제9과 딸기 주스 좀 주세요.

목표

* 명령문 "-(으)세요."와 인사말을 익힌다.

지도 요령

〈본문〉
* 부탁하거나 요구하는 문장을 배운다.

주의: 명령문 어미는 "-(으)세요."로 한정하고 "-(으)십시오."는 제시하지 않는다.

* "좀"은 특별한 의미를 더하는 것이라기보다는 부드러운 표현이 되게 하는 것이다.

〈연습해요〉

* 어간에 받침이 없는 동작동사에는 "-세요.", 받침이 있는 동작동사에는 "-으세요."를 구별하여 쓸 수 있도록 지도한다.

예: 가요. 읽어요.
가세요. 읽으세요.

(주의) 한글 맞춤법에는 "-(으)셔요."도 맞는 것으로 인정하고 있다.

* 많은 동작동사를 제시하여 명령문 연습을 함으로써 단어를 익힐 수 있게 한다.

〈더 배워요〉

* 명령문의 형태가 바뀌는 동사인 "먹다, 자다"를 인사말을 통해 배운다.

제10과 오늘이 며칠이에요?

목표

* 숫자 연습을 통하여 날짜를 말하는 방법을 익힌다.

지도 요령

〈본문〉

* '낱말을 배워요'에 구체적인 숫자 연습이 나오므로 본문에서는 날짜를 묻는 연습에 중점을 둔다.

〈낱말을 배워요〉

* 먼저 1부터 31까지의 숫자 읽기를 학습한 후에 날짜 연습을 하도록 한다. 숫자 학습을 시킬 때 숫자 카드나 달력을 이용하면 좋다.
* 달을 말할 때는 "유월", "시월"에서 각각 받침이 없어짐을 주지시킨다.

〈연습해요〉

* 교재 연습이 끝난 후 실제로 달력을 가지고 특정 날짜에 동그라미를 치며 날짜를 묻고 대답하는 연습을 시킨다.

〈더 배워요〉

* 의문사 "언제"를 익히게 한 후 학생들에게 짝을 지어 주고 상대방에게 생일, 명절 등 특정한 날을 묻고 대답하는 연습을 시킨다.

제11과 뭘 그려요?

목표

* 둘 이상의 명사를 연결하는 조사 "-하고", "-와/과"의 용법을 익힌다.
* 동작동사가 쓰인 문장을 익힌다.

지도 요령

〈본문〉

* 목적어와 함께 쓰인 문장의 구조를 외우게 한다.

주의: "-하고"는 명사와 명사를 연결하는 것으로 문장과 문장을 연결하는 경우에는 쓰지 않는다.

〈연습해요〉

* 1번은 "-하고"가 주어의 위치에 온 경우이고, 나머지는 "-하고"가 목적어에 온 경우이다.
* 조사 "-도"는 동작동사나 상태동사가 반복될 때 명사 뒤에 붙어서 사용되며, 주격 조사로 쓰이는 "-이/가"나 목적격 조사로 쓰이는 "-을/를"과 함께 쓰이는 경우에는 이들 조사가 생략된다. 그러나 그 외의 조사와 함께 쓰이는 경우에는 조사가 생략되지 않고 함께 쓰인다.
* 여기에서는 "-도"를 의미만 알게 하고 연습시키지 않는다.

질문에 대해서 "-하고 -을 "로 대답하게 한다.

〈더 배워요〉

* "-와"는 받침 없는 명사에, "-과"는 받침 있는 명사에 쓰인다. 그러나, "-와/과"는 문어체에, "-하고"는 구어체에 많이 쓰인다.

게임: 단어를 기억하는 게임으로, 먼저 한 사람이 하나의 단어를 말하면 다음 사람은 앞 사람이 말한 단어에다가 "-하고"를 사용하여 새 단어를 추가한다. 그 다음 사람은 앞의 두 사람이 말한 단어에다가 또 새 단어를 추가한다. 이런 식으로 "-하고"를 사용하여 계속 단어를 기억하고 말하게 하는 게임이다.

제12과 공부하지 않아요.

목표

* 부정문을 익힌다.

지도 요령

〈본문〉

* 배운 상태동사나 동작동사를 이용해 부정의 의미를 먼저 인식시킨다.
* 동사의 원형을 알지 못하므로 우선 "-지 않아요"로 활용된 형태를 외우게 한다.

〈연습해요〉

* 긍정문은 부정문을 대비시켜 차이를 느끼게 한 후 먼저 동사만 따라 하게 한다.

예:	울어요.	와요.	공부해요.
	울지 않아요.	오지 않아요.	공부하지 않아요.

* "아니오, ____지 않아요"를 반복해서 외우게 하고 쓰기도 하게 함으로써 확실히 부정문을 숙달시킨다.

〈더 배워요〉
* 부정문 "안 ____"의 용법을 익히게 한다.

(주의) "안 ___하다."를 쓰려는 학생이 있으면 틀린다는 것을 알게 한다.

'하다' 동작동사는 "하다" 앞에 "안"을 써야 함을 가르친다.

예:	공부해요.	청소해요.
	공부 안해요.	청소 안해요.

제13과 모두 다섯 개예요.

목표

* 물건의 갯수를 세는 법과 단위를 익힌다.

지도 요령

〈본문〉
* "하나"부터 "열둘" 정도까지 세게 한다.
* 교실에 있는 연필이나 크레용 등으로 한 개, 두 개, 세 개…로 세어 보게 한다.
* '모두'의 뜻을 이해하도록 물건의 갯수를 더해서 말하게 한다.

〈낱말을 배워요〉
* "하나, 둘, 셋, 넷"은 세는 단위와 연결되면 "한, 두, 세, 네"로 바뀜을 익히게 한다.

〈연습해요〉
* 한 개부터 시작해 갯수를 늘려 '모두'의 의미를 이해시킨다.
* 단위는 "개"로 대답할 수 있는 것만 예로 든다.

〈더 배워요〉
* 배운 명사를 활용해 많이 질문하고 대답해 보게 한다.
* 나이, 시간, 사람의 수를 묻고 대답하게 한다.
* 학생들의 학습 속도에 맞추어 여러 가지 단위로 확장시킨다.

제14과 인어 공주를 봤어요?

목표

* 동사의 과거형을 익힌다.
* 수량이 많음을 나타내는 조사 "-(이)나"를 쓸 수 있게 한다.

지도 요령

〈본문〉
* 동작동사의 현재형을 몇 개 제시한 후 동작이 진행중인 경우와 끝난 경우를 대비시켜 동사의 과거형을 이해하게 한다.

주의: 상태동사의 과거형은 학생들의 학습 상황에 맞추어 가능할 때 확장시킨다.
* 같은 영화를 세 번씩 보는 상황을 주어 너무 많아서 놀라는 "-이나"의 뜻을 배우게 한다.

〈연습해요〉
* '봐요.→봤어요.', '먹어요.→먹었어요.' 와 같이 따라 하게 하면서 연습시킨다.

예: 봐요. 먹어요. 받아요.
봤어요. 먹었어요. 받았어요.

〈더 배워요〉
* 수량이 적음을 나타내는 "-밖에"를 배우게 한다.

주의: "-밖에" 다음에는 부정 형태의 동사가 연결된다.

제15과 카드를 만들겠어요.

목표

* 동사에 붙어 미래, 의지, 추측을 나타내는 "-겠-"을 익힌다.

지도 요령

〈본문〉
* 동작동사의 현재형을 먼저 주고 그림이나 동작을 통해 현재와 미래를 대비시켜 미래형을 이해시킨다.
* 본문에서는 추측의 뜻으로 쓰이는 상태동사에서의 "-겠-" 용법은 제한한다.

〈연습해요〉
* 동사의 과거형과 미래형의 대비를 그림을 통해 구별할 수 있도록 연습시킨다.
* 의문사 "무엇", "어디", "누구", "언제"와 동사의 미래형을 결합하여 질문하고 미래형으로 대답하는 것을 연습

시킨다.

〈더 배워요〉
* 상태동사의 미래형이 추측의 의미도 있다는 것을 이해시킨다.

제16과 뚱뚱한 고양이와 작은 쥐

목표

* 사물의 특성을 설명할 수 있는 상태동사가 명사를 수식하는 문형을 배운다.
* 명사와 명사를 연결하는 "-와/과"를 익힌다.

지도 요령

〈본문〉
* 상태동사가 명사를 수식하는 문형을 익힌다.
* 어간에 받침이 있는 경우에는 "-은", 받침이 없는 경우에는 "-ㄴ"을 연결한다는 것을 알게 한다.

〈연습해요〉
* 상태동사에 관형형 어미를 연결하는 연습을 한다.

예:	뚱뚱해요.	작아요.
	→ 뚱뚱하 + ㄴ	→ 작 + 은
	→ 뚱뚱한	→ 작은

* 명사와 명사를 연결하는 조사 "-와/과"는 workbook에서 연습시킨다. 같은 뜻의 조사 "-하고"도 복습하게 한다.

〈더 배워요〉
* 명사를 수식하는 '동작동사+는', '상태동사(있다)+는' 을 배운다.

예:	운동해요.	읽어요.	맛있어요.
	→ 운동하+는	→ 읽+는	→ 맛있+는
	→ 운동하는	→ 읽는	→ 맛있는

〈읽고 대답해요〉
* 소리내어 읽게 하고 그 내용에 대한 질문에 응답을 하게 한다. 쓰기는 숙제로 해도 좋다.

제17과 이게 뭐예요?

목표

* 희망을 나타내는 문형 "-고 싶어요."를 익힌다.

지도 요령

〈본문〉

* 원하는 것이 무엇인지를 묻고 대답하는 상황을 익힌다.

〈연습해요〉

* 동작동사와 "-고 싶어요."를 연결하는 연습을 한다. 교과서에 있는 연습 이외에도 많은 상황을 제시하여 문장을 만들어 보게 한다.

예: * 자요. 받아요.
자고 싶어요. 받고 싶어요.

* "-고 싶어요."는 동작동사에만 연결되며 상태동사의 경우에는 연결되지 않는다.

예: * 예쁘고 싶어요. (상태동사)
예뻐지고 싶어요. (동작동사)

〈더 배워요〉

* 1인칭에는 "-고 싶어요.", 3인칭에는 "-고 싶어해요."를 연결해 연습시킨다.
* 학생들이 서로 질문하고 상대방이 말한 내용을 "-고 싶어해요."를 사용해 발표하게 한다.

예: 미나 : 뭘 하고 싶어요?
준호 : 과자를 먹고 싶어요.
미나 : 준호가 과자를 먹고 싶어해요.

제 18과 어디에서 샀어요?

목표

* 목표를 나타내는 조사 "-에서"와 동반을 나타내는 "-하고 같이"를 배운다.

지도 요령

〈본문〉

* 동작동사의 동작이 일어나는 장소를 나타낼 때는 "-에서"를 써야 한다는 것을 익히게 한다.

주의: "가다", "있다" 등의 장소에는 "-에"를 써야 한다는 것을 인식시킨다.

* 동반의 뜻을 나타내는 말에는 "-하고 같이"를 쓰도록 지도한다.

〈연습해요〉

* 장소를 나타내는 "-에서"를 사용하는 문장을 연습한다. "어디에서 ——?"로 질문하고 대답하는 형식으로 발전시켜 연습해 볼 수 있도록 유도한다.
* "-하고 같이"와 같은 뜻으로 "-와/과 같이", "-하고 함께" 등은 학생들의 배우는 속도에 따라 같이 가르쳐도 무방하다.

〈더 배워요〉

* "-에서" 다음에 "오다."가 연결되어 '-로부터'의 뜻을 나타내는 문장을 익힌다.

제19과 얼마에요?

목표

* 물건 값을 묻고 물건을 살 수 있도록 지도한다.
* 값의 단위를 익힌다.
* 권유하는 뜻의 "-어(아, 여) 봐요." 문장을 연습한다.

지도 요령

〈본문〉

* 물건에 대한 자신의 의견을 표현하고 값을 묻는 상황을 익힌다.

〈연습해요〉

* 가격표가 있는 여러 가지 물건이나 그림을 이용해 값을 묻고 대답하는 연습을 한다.
* "봐요."를 아래와 같이 연결하는 연습을 하고 다음에 상황을 주어 문장을 만들어 볼 수 있도록 지도한다.

예:	읽어요.	써요.	만져요.
	읽어 봐요.	써 봐요.	만져 봐요.

〈더 배워요〉

* 단위를 나타내는 명사와 "-에"가 연결된 문장을 배운다. 학생들의 학습 속도에 따라 더 많은 단위 명사를 연결해 보게 한다.

  예: 장미 꽃이 한 송이에 얼마에요?
  이 공책이 한 권에 얼마에요?

제20과 우리 집에 올 수 있어요?

목표

* "-(으)ㄹ 수 있어요." 와 "-(으)ㄹ 수 없어요."를 익힌다.

지도 요령

〈본문〉

* 본문의 상황에서 "올 수 있어요?"로 물을 때 대답이 "아니오, 올 수 없어요."가 아니라 "아니오, 갈 수 없어요."임을 주지시킨다.

〈연습해요〉

* 다음과 같은 표를 이용하여 연습을 확장시킬 수 있다.

	피아노	줄넘기	훌라춤	스케이드보드	번지점프	휘파람
준호	×	○	×	○	○	×
미나	○	○	×	×	×	○

이 표를 보고 학생들에게 "-(으)ㄹ 수 있어요."와 "-(으)ㄹ 수 없어요."를 사용하여 다음과 같이 문장을 말하게 한다.

예: 준호는 피아노를 칠 수 없어요.
미나는 피아노를 칠 수 있어요.

〈더 배워요〉

* "-(으)ㄹ 수 없어요."의 유사 표현으로 "못+동작동사"를 익히게 한다. 이때 교사는 학생들에게 두 표현의 차이를 강조하지 말고, "못+동작동사"의 활용 연습에 학습의 주안점을 둔다.

〈듣고 찾아 봐요〉

* 녹음된 내용을 듣고 알맞은 동물 그림을 찾아 (　)안에 그 기호를 쓰게 한다.

제21과 할아버지 좀 바꿔 주세요.

목표

* 전화를 걸어서 통화하고자 하는 상대방을 바꿔 달라고 하는 표현을 익힌다.
* 공손하게 부탁하는 "-어(아, 여) 주세요." 표현을 익힌다.

지도 요령

〈본문〉

* 본문은 준호가 산타 할아버지 댁에 전화를 해서 산타 할아버지를 바꿔 달라고 하는 상황이다. 아이들의 상상력을 불러 일으켜 흥미를 잃지 않고 대화를 자연스럽게 외우도록 유도한다.

〈연습해요〉

* 장남감 전화기를 이용해서 아이들이 전화를 걸어 원하는 상대방을 바꿔 달라고 하도록 연습시킨다.
* 학생들에게 각자의 옆 학생에게 "-어(아, 여) 주세요."의 표현으로 뭔가를 부탁하고 옆 학생은 그 부탁을 들어주도록 한다.

〈더 배워요〉

* 학생들의 수준에 따라 그 외에 가능한 상황들로 확장시켜 줄 수 있다.

예: 통화중인 경우, 전화를 끊을 때의 인사말 등.

제22과 아주 큰데요.

목표

* 감탄의 표현 "아주 -(으)ㄴ데요."를 익힌다.
* 의도를 나타내는 "-(으)러"와 "가요."가 연결된 "-(으)러 가요."를 익힌다.

지도 요령

〈본문〉

* 감탄의 표현 "야! 아주 큰데요."를 말할 때 억양의 특징을 강조한다.

〈연습해요〉

* 확장 연습이 필요하면 교재에 제시된 것 이외의 여러 가지 감탄할 만한 상황이나 그림을 주고 학생들에게 실제로 감탄해 보도록 유도한다.
  예: 아주 깨끗해요. 아주 넓어요. 아주 조용해요. 아주 시끄러워요.
* 확장 연습을 위한 단어는 학생들에게 단어를 외워야 한다는 부담을 주지 않도록 연습만 한다.

〈더 배워요〉

* "-(는)군요." 역시 감탄의 의미이나 "(으)ㄴ데요."에 비해 문어체에 더 많이 쓰임을 학생들에게 설명하되 학생들이 잘 이해를 못할 경우에도 그 차이점을 강조하지 않는다.

〈노래를 불러요〉

* "고기를 잡으러"를 "준호를 잡으러"로, "강으로"를 "집으로" 등으로 가사를 재미있게 고쳐서 부를 수도 있다.

제23과 제가 도와 드릴까요?

목표

* "-(으)ㄹ까요?"의 두 가지 용법 즉 "제가 -(으)ㄹ까요?"와 "우리 같이 -(으)ㄹ까요?"의 용법을 익힌다.

지도 요령

〈본문〉

* 본문의 "(으)ㄹ까요?"는 "제가 -(으)ㄹ까요?"의 의미로 이 경우 "우리 -(으)ㄹ까요?"와 혼동하지 않도록 "제가"라는 주어를 넣어서 연습하는 것이 좋다. 이에 대한 대답은 "네, -(으세요.)" 또는 "아니오, -지 마세요."이다.

주의: "도와 드릴까요?"는 "돕다"와 "드리다"의 복합동사 형태이나 여기서는 "도와 드리다"를 하나의 동사로 취급하도록 하며 분석하거나 자세한 설명은 하지 않는다.

〈연습해요〉

* 그림을 보고 "-(으)ㄹ까요?"를 사용하여 상황에 맞는 질문을 하고 그에 대한 대답으로 "-(으)세요."를 사용하는 연습이다.

〈더 배워요〉

* "-(으)ㄹ까요?"의 두 번째 용법으로 대개 주어를 생략하는 경우가 많으나 "우리"또는 "같이" 등을 사용하는 것이 의미의 전달이 분명하다. 이에 대한 대답은 "-어요."이며 이때 "-어요."는 청유형 "-(으)ㅂ시다.", "-지 맙시다."의 의미를 갖는다.

제24과 이가 아파요.

목표

* 당위를 나타내는 말 "-어(아, 여)야 해요."
* 명령형 "-(으)세요."의 부정형 "-지 마세요."
* 허가를 나타내는 말 "-어(아, 여)도 돼요."의 용법을 익힌다.

지도 요령

〈본문〉

* "-어(아, 여)야 해요."를 사용하여 여러 가지로 질문하고 이에 대해 "-어(아, 여)야 해요."로 대답하게 한다. "-어(아, 여)야 돼요."를 쓸 수 있다.

주의: "-어(아, 여)야 해요.", "-(으)세요.", "-지 마세요."에 동작동사나 상태동사가 결합하는 형태가 각기 다르므로 충분히 연습시켜 혼동하지 않도록 주의한다.

예: 읽어야 해요. 읽으세요. 읽지 마세요.

〈연습해요〉

* 문제가 생긴 상황을 주고 "-어(아, 여)야 해요."를 사용하여 대답하는 연습이다.

〈더 배워요〉

* 허가를 나타내는 "-어(아, 여)도 돼요."에 대한 것으로 "-어(아, 여)도 돼요."로 물어보면 "네"인 경우는 "-어(아, 여)도 돼요."로 대답할 수 있으나 "아니오"인 경우는 "-지 마세요."로 대답하게 한다.

주의: "-어(아, 여)도 돼요."의 부정형 "-(으)면 안 돼요."는 제시하지 않는다.

제25과 지구가 달보다 더 커요.

목표

* 비교를 나타내는 조사 "-보다"와 최상급을 나타내는 부사 "제일"의 용법을 익힌다. Ⅱ. 지도 요령

지도 요령

〈본문〉

* 비교할 만한 두 대상을 주고 "-보다"를 사용하여 말하게 한다. "훨씬"은 비교 상황에서 하나가 다른 하나에 비해서 많은 차이가 있을 때 쓰이며 비교 상황이 아닌 경우에는 쓰이지 않는다. "제일"은 셋 이상을 비교할 때 쓰이며, 부사이므로 상태동사 또는 다른 부사 앞에서 쓰이고 다른 부사의 도움을 받지 않은 동작동사 앞에서는 쓰이지 않는다.

주의: "A가 B보다 더 ---"의 경우 A와 B의 어순은 서로 바꿀 수 있으며 이때 부사 "더"는 쓸 수도 있고 생략할 수도 있다.

〈연습해요〉

* 그림을 보면서 계속 비교의 문장을 만들고 마지막에는 최상급의 서로 다른 두 문장을 만든다.

〈더 배워요〉

* 비교의 대상이 여럿일 때 쓰는 "중에서"의 용법을 익힌다. 이때 "중에서"의 앞에 들어가는 명사는 고유명사나 하나밖에 없는 명사(예: 미국, 뉴욕, 세계,…)가 될 수 없으며 이런 경우에는 "중에서" 대신 "-에서"를 쓴다.

〈읽고 대답하세요〉

* 처음 나오는 단어를 먼저 잠깐 설명한 후 읽고 대답하게 한다.

듣기 연습 녹음 자료

제 1 과 듣고 찾아봐요(p. 15)

안녕하세요?
네, 안녕하세요?

안녕히 가세요.
안녕히 가세요.

안녕히 계세요.
안녕히 가세요.

안녕!
안녕!

선생님 안녕하세요?
안녕!

제 2 과 듣고 찾아봐요(p. 23)

1. 누구예요?
   저는 미나예요.
2. 누구예요?
   우리 오빠예요.
3. 누구예요?
   우리 누나예요.
4. 이름이 뭐예요?
   저는 톰이에요.
5. 저는 순희예요.
   저는 영희예요.

제 3 과 듣고 찾아봐요(p. 31)

1. 이게 뭐예요?
   인형이에요.
2. 이게 뭐예요?
   과자예요.
3. 저게 뭐예요?
   사과예요.
4. 그게 뭐예요?
   빵이에요.
5. 저게 뭐예요?
   모자예요.

제 4 과 듣고 대답해요(p. 39)

1. 피아노가 있어요? 네. ________________.
2. 원숭이가 있어요? 아니요, ________________.
3. 동생이 있어요? 네, ________________.
4. 만화책이 있어요? 네, ________________.
5. 껌이 있어요? 아니요, ________________.

제 5 과 듣고 대답해요(p. 47)

1. 야구가 재미있어요?
2. 자전거가 재미있어요?
3. 피자가 맛있어요?
4. 약이 맛있어요?
5. 모자가 커요?
6. 만화 영화가 재미있어요?

제 6 과 듣고 찾아봐요(p. 55)

1. 어디에 가요?
   극장에 가요.
   만화영화 수퍼맨이 재미있어요.
2. 어디에 가요?
   친구집에 가요.
   친구가 있어요.
3. 어디에 가요?
   수퍼마켓에 가요.

콜라가 없어요.

4. 어디에 가요?

   야구장에 가요.

   야구가 재미있어요.

제 7 과 듣고 표시해요(p. 63)

1. 미나가 포도를 좋아해요.
2. 준호가 고양이를 좋아해요.
3. 선생님이 아이스크림을 싫어해요.
4. 미나가 콜라를 싫어해요.
5. 준호가 코끼리를 싫어해요.
6. 선생님이 수박을 좋아해요.
7. 미나가 만화영화를 좋아해요.
8. 준호가 농구를 싫어해요.

제 8 과 듣고 그려봐요(p. 71)

1. 어디에 빵이 있어요?

   냉장고에 빵이 있어요.
2. 어디에 사과가 있어요?

   냉장고에 있어요.
3. 어디에 공이 있어요?

   냉장고 옆에 있어요.
4. 어디에 인형이 있어요?

   식탁 아래에 있어요.
5. 어디에 포도가 있어요?

   식탁 위에 있어요.
6. 어디에 만화책이 있어요?

   인형 옆에 있어요.

제 9 과 듣고 찾아봐요(p. 79)

1) 전화 받으세요.
2) 과일 좀 드세요.
3) 진지 잡수세요.
4) 아버지 안녕히 주무세요.
5) 물 좀 주세요.
6) 손 좀 씻으세요.

제 10 과 듣고 찾아봐요(p. 87)

1. 오늘이 며칠이에요?
   유월 팔일이에요.
2. 형 생일이 언제예요?
   삼월 이일이에요.
3. 크리스마스가 언제예요?
   십이월 이십오일이에요.
4. 언니 생일이 며칠이에요?
   칠월 이십일이에요.
5. 설날이 언제예요?
   일월 일일이에요.

제 12 과 듣고 대답해요(p. 101)

1. 미나가 우유를 마셔요?
   아니오, 우유를 마시지 않아요.
   수박을 먹어요.
2. 준호가 공부해요?
   아니오, 공부하지 않아요.
   야구해요.
3. 할아버지가 주무세요?
   네, 주무세요.
4. 원숭이를 좋아해요?
   아니오, 좋아하지 않아요.
   싫어해요.
5. 언니가 백화점에 가요?
   아니오, 백화점에 가지 않아요.
   교회에 가요.
6. 준호가 그림을 그려요?
   아니오, 그림을 그리지 않아요.
   노래해요.

제 14 과 듣고 V표를 해요(p. 113)

준호의 일기

오늘은 3월 27일 토요일이에요.
비가 많이 왔어요.
아침에 형하고 같이 체육관에 갔어요.
아이들이 세 명밖에 없었어요.

3시간 운동을 했어요.
점심은 집에서 먹었어요.
어머니가 빵을 만들었어요.
저는 다섯 개나 먹었어요.

1. 오늘 날씨가 어땠어요?
2. 준호는 뭘 했어요?
3. 아이들은 몇 명 있었어요?
4. 어디에서 점심을 먹었어요?
5. 준호는 빵을 몇 개 먹었어요?

제 17 과 듣고 대답해요(p. 131)

나는 파랑새예요.
나는 좁은 집이 싫어요.
밖에 나가고 싶어요.
포르르 날아가고 싶어요.
파란 하늘이 보고 싶어요.
파랑새 친구도 만나고 싶어요.

제 19 과 듣고 값을 써요(p. 143)

미나와 준호가 스케이트 보드를 탔어요.
미나가 빨리 달렸어요.
준호가 졌어요.
준호는 콜라를 마시고 싶었어요.
콜라는 450원, 오렌지 주스는 600원,
환타는 350원, 포도 주스는 700원이었어요.
준호는 콜라를 샀어요.
미나는 배가 고팠어요.
초코렛은 1000원, 과자는 2300원,
사탕은 1500원, 컵라면은 1200원이었어요.
미나는 컵라면을 샀어요.
준호가 돈을 다 냈어요.
준호는 모두 얼마를 냈어요?

제 20 과 듣고 찾아봐요(p. 149)

1. 나는 물에서 살아요.
   땅에서도 살 수 있어요.
   다리도 있어요.

2. 나는 무거운 것을 들 수 있어요.
더운 나라에서 살아요.
아주 아주 커요.

3. 높은 나무에 올라 갈 수 있어요.
나는 바나나를 좋아해요.
나는 가족들하고 같이 살아요.

모범 답안

제1과

연습해요 (p. 12)

2. 선생님 안녕하세요?

3. 아저씨 안녕하세요?

4. 할머니 안녕하세요?

듣고 찾아봐요 (p. 15)

4 2

1

5 3

듣고 색칠해요 (p. 17)

1. ■ □ 2. ■ □ (아)

3. □ ■ (야) 4. □ ■ (어)

5. ■ □ (여) 6. ■ □ (야)

제2과

연습해요 (p. 20)

2. 언니예요.

3. 누구예요? 톰이에요.

4. 형이에요. 누구예요?

듣고 찾아 봐요 (p. 23)

1 2

3 4

5

듣고 색칠해요 (p. 25)

1. ■ □ 2. □ ■ (요)

3. □ ■ (우) 4. ■ □ (오)

5. □ ■ (유) 6. □ ■ (유)

제3과

연습해요 (p. 28)

2. 모자예요.

3. 이게 뭐예요? 시계예요.

4. 이게 뭐예요?

5. 이게 뭐예요? 인형이에요.

듣고 찾아 봐요 (p. 31)

5 3

2 4 1

듣고 색칠해요 (p. 33)
1. ■ □
2. ■ □ (오이)
3. □ ■ (우유)
4. ■ □ (여우)
5. ■ □ (요요)

제4과

연습해요 (p. 36)

	2. 있어요.
3. 있어요?	4. 있어요?
5. 있어요? 있어요.	6. 있어요? 있어요.

듣고 대답해요 (p. 39)

4
1
3

2 5

듣고 색칠해요 (p. 41)

③⑤②
① ④

1.가다 2.우리 3.누나 4.다리 5.고기

제5과

연습해요 (p. 44)

2. 커요.	아이가 작아요
3. 맛있어요.	사과가 맛없어요.
4. 예뻐요.	남자친구가 미워요.
5. 길어요.	돼지 코가 짧아요.

듣고 대답해요 (p. 47)
1. 네, 재미있어요.
2. 아니오, 재미없어요.
3. 네, 맛있어요.
4. 아니오, 맛없어요.
5. 네, 커요.
6. 네, 재미있어요.

듣고 찾아봐요 (p. 49)
1. ⬭
2. ⬭ (바지)
3. ⬭ (이사)

4. (사자)

5. (사다)

제6과

연습해요 (p. 52)

2. 교회
3. 야구장야구장
4. 학교　　　　아니오, 교회에 가요.

듣고 찾아봐요 (p. 55)

3　　4　　1

2

듣고 색칠해요. (p. 57)

1. ■ □　　　2. □ ■(카)
3. □ ■(타)　　4. ■ □(하)
5. □ ■(파)　　6. ■ □(카)

제7과

연습해요 (p. 60)

2. 농구　　3. 수박　　4. 감자튀김　　감자튀김

듣고 표시해요 (p. 63)

미나	미나		준호		선생님	
포도	○					
수박					○	
코끼리				○		
고양이			○			
농구				○		
만화영화	○					
콜라		○				
아이스크림						○

제8과

연습해요 (p. 68)

2. 식탁　사과
3. 침대　인형　　4. 방　　준호

듣고 그려봐요 (p. 71)

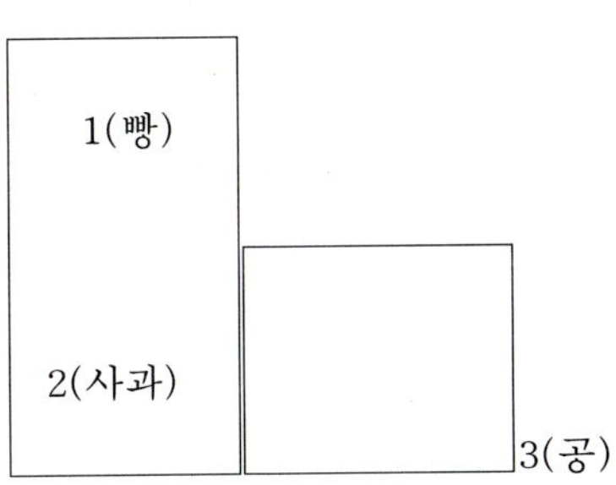

5(포도)

4(인형)　　6(만화책)

듣고 색칠해요 (p. 73)

2. ■ □ (싸)
3. ■ □ (빠)
4. ■ □ (짜)
5. ■ □ (따)
6. ■ □ (까)

제9과

연습해요 (p. 76)

2. 씻으세요　　3. 받으세요　　4. 앉으세요

듣고 찾아봐요 (p. 79)

③　②　①　④　⑥　⑤

제10과

연습해요 (p. 84)

2.　　삼월 일일
3. 오늘이 며칠이에요?
4. 오늘이 며칠이에요?　　십이 월 이십오 일이에요.

듣고 찾아봐요.(p. 87)

5(1.1)		2(3.2)
		1(6.8)
4(7.21)		
		3(12.25)

제11과

연습해요 (p. 92)

2. 공책　　3. 포도　딸기
4. 사자　호랑이　　5. 태권도하고　피아노

연습해요 (p. 93)

2.　　비행기하고 자동차를 만들어요.
3. 뭘 사요?　　사과　포도
4. 뭘 먹어요?　　빵하고 우유를 먹어요.
2.　　도
3.　　도 재미있어요.

읽고 대답해요 (p. 95)

1.

<table>
<tr><td></td><td>○
(할머니)</td><td></td><td></td></tr>
</table>

<table>
<tr><td></td><td></td><td>○
(저)</td><td>○
(여동생)</td><td></td></tr>
</table>

2. (여)동생

제12과

연습해요 (p. 98)

2. 치지 않아요. 3. 오지 않아요. 4. 길지 않아요.

연습해요 (p. 99)

2. 자 3. 않아요. 4. 않아요. 5. 않아요

6. 보지 않아요. 7. 많지 않아요.

듣고 대답해요 (p. 101)

1. 아니오. 우유를 마시지 않아요. 수박을 먹어요.
2. 아니오. 공부하지 않아요. 야구를 해요.
3. 네, 주무세요.
4. 아니오. 좋아하지 않아요. 싫어해요.
5. 아니오. 백화점에 가지 않아요. 교회에 가요.
6. 아니오. 그림을 그리지 않아요. 노래를 불러요. (노래해요)

제13과

연습해요 (p. 104)

2. 일곱

3. 몇 개예요? 열두 개예요.

4. 몇 개예요? 네 개예요.

연습해요 (p. 105)

1. 두 개예요. 2. 네 개예요. 3. 네 개예요. 4. 세 개예요.

제14과

연습해요 (p. 110)

2. 약을 먹었어요 3. 일기를 썼어요. 4. 손을 씻었어요

5. 청소를 했어요 6. 문을 닫았어요.

연습해요 (p. 111)

편지를 썼어요. 친구하고 놀았어요.

2. 다섯 마리나요? 3. 네 병이나요? 4.여덟 개나요?

듣고 V표를 해요(p. 113)

1.(V) ( )

2.(V) ( )

3.(V) ( )

4.(V) ( )

5.( ) (V)

제15과

연습해요(p. 116)

2. ( )
(0)
3. ( )
(0)
4. ( )
(0)

연습해요(p. 117)

2. 산
3. 아이스크림을 먹겠어요.
4. 동생을 기다리겠어요.
5. 자전거를 사겠어요.
6. 모레 떠나겠어요.

제16과

연습해요 (p. 122)

2. 깨끗한　3. 착한　5. 큰　6. 나쁜

연습해요 (p. 123)

8. 좋은　9. 넓은　10. 좁은
11. 높은　12. 짧은

읽고 대답해요(p. 125)

1. 예쁜 백설공주와 착한 난장이들이 살았어요.
2. 재미있는 이야기를 했어요.
3. 귀여운 토끼와 작은 새들이 이야기를 들었어요.

제17과

연습해요 (p. 128)

2. 구경하고 싶어요.　3. 만나고 싶어요.　4. 잡고 싶어요.

연습해요 (p. 129)

입고 싶어요.　신고 싶어요.　쓰고 싶어요.
만나고 싶어요.

듣고 대답해요 (p. 131)

1. 좁은 집에서 살아요.
2. 밖에 나가고 싶어해요. 날아가고 싶어해요.
파란 하늘을 보고 싶어해요. 친구도 만나고 싶어해요.

제18과

연습해요 (p. 134)

2. 가게　3. 산　4. 놀이터
5. 극장에서 영화를 보았어요.　6. 도서관에서 책을 읽었어요.

연습해요 (p. 135)

2. 어머니　3. 아버지하고　4. 동생하고 같이
5. 동생하고 같이 잔디를 깎았어요.
6. 누구하고 같이 책을 읽었어요?　엄마하고 같이 책을 읽었어요.

제19과

연습해요 (p. 140)

2. 천 칠백 원
3. 얼마에요? 사백 원이에요.
4. 오백 원이에요.
5. 생선이 얼마예요? 삼천 원이에요.
6. 칠천 이백 원이에요.

연습해요 (p. 141)
2. 입어 3. 불러 봐요 4. 먹어 봐요.
1. 마음에 들어요.
2. 마음에 안 들어요. 마음에 안 들어요.

듣고 값을 써요 (p. 143)
1650원

제20과

연습해요 (p. 146)
2. 말을 탈 수 없어요.
3. 연을 날릴 수 없어요.
4. 마술을 할 수 있어요.
5. 자동차를 운전할 수 있어요.

연습해요 (p. 147)
2. 출 수 있어요. 3. 먹을 수 없어요.
4. 탈 수 없어요 5. 올라 갈 수 없어요.
6. 할 수 있어요. 7. 탈 수 있어요.
8. 고칠 수 없어요.

듣고 찾아봐요 (p. 149)
1.다 2.나 3.가

제21과

연습해요 (p. 152)
2. 수퍼맨
3. 여보세요 바꿔 주세요.
4. 여보세요 미나
할머니 좀 바꿔주세요.

연습해요 (p. 153)
2. 열어 3. 사
2. 가르쳐3. 사진 좀 보여 주세요.

읽고 대답을 써요(p. 155)
1. 세 번
2. 전화를 건 사람이 아무 말도 안 해서 화가 났어요.

제22과

연습해요 (p. 158)
2. 큰데요 4. 많은데요
5. 아주 예쁜데요 6. 아주 비싼데요.

연습해요 (p. 159)
2. 잡으러 3. 부치러 4. 치러
5. 하러 6. 사러

제23과

연습해요(p. 164)
2. 놓을까요? 3. 지울까요? 4. 열까요?
5. 닫을까요? 6. 태워 드릴까요?

연습해요(p. 165)
2. 앉을까요?
3. 쓰세요.
4. 켤까요?
5. 넣을까요? 넣으세요.

읽고 대답해요 (p. 167)
1. 너무 추워서 울었어요.
2. 바람이 불어서 추워요.
3. 나무가 기분이 좋기 때문에 아기도 기분이 좋아요.

제24과

연습해요 (p. 170)
2. 자야 해요. 3. 씻어야 해요. 4. 해야 해요.
5. 숙제를 해야 해요. 6. 녹음기를 고쳐야 해요

연습해요(p. 171)
2. 떠들지
3. 마시지 마세요.

1
2
3
4
5

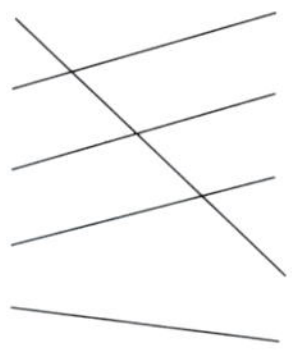

제25과

연습해요 (p. 176)
3. 비행기 빨라요.
4. 비행기 빨라요.
5. 빛 로케트
빨라요.
제일

연습해요 (p. 177)
2. 요리사 간호사 뚱뚱해요.
3. 간호사 작아요.
4. 농구선수 커요.
5. 간호사가 제일 작아요.
6. 요리사가 제일 뚱뚱해요.

읽고 대답해요 (p. 179)

1. 개구리 가족은 아빠 개구리, 엄마 개구리, 아기 개구리예요.
2. 아빠 개구리가 제일 커요.
3. 소를 봤어요.
4. 아빠 개구리보다 소가 더 커요.

놀며 배우는 한국말

-korean for Children-

편저자 연세대학교 언어연구교육원
한 국 어 교 사 연 수 소
펴낸곳 연세대학교 출판부
주소 서울시 서대문구 연세로 50
전화 2123-3380~2
팩스 2123-8673
ysup@yonsei.ac.kr
http://www.yonsei.ac.kr/press
등록 1955년 10월 13일 제9-60호
인쇄 (주)네오프린텍

2007년 10월 5일 1판 1쇄 2012년 10월 10일 1판 2쇄
ISBN 978-89-7141-805-5
ISBN 978-89-7141-804-8 (세트)

값 20,000원(CD 포함)